U0111049

鑑賞系列

9

古陶瓷

鑑賞與收藏

（古陶瓷鑑定收藏入門）

●王丹丹 編著

品冠文化出版社

國家圖書館出版品預行編目資料

古陶瓷鑑賞與收藏 ／ 王丹丹　編著
——初版，——臺北市，品冠文化，2014〔民103.02〕
面；26公分 ——（鑑賞系列；9）
ISBN 978－986－5734－03－9（平裝）
1.古陶瓷　2.藝術欣賞
796.6　　　　　　　　　　　　　　　102025537

古陶瓷鑑賞與收藏

編　　　者／王丹丹
責任編輯／劉三珊
發 行 人／蔡孟甫
出 版 者／品冠文化出版社
社　　　址／台北市北投區（石牌）致遠一路2段12巷1號
電　　　話／（02）28233123・28236031・28236033
傳　　　眞／（02）28272069
郵政劃撥／19346241
網　　　址／www.dah-jaan.com.tw
E－mail／service@dah-jaan.com.tw
承 印 者／凌祥彩色印刷有限公司
裝　　　訂／承安裝訂有限公司
排 版 者／弘益電腦排版有限公司
授 權 者／安徽科學技術出版社
初版1刷／2014年（民103年）2月

定　價／650元

序

　　古陶瓷係中華文明史的精華，被世界公認爲中國傳統文化寶庫中的一顆明珠。華夏古陶瓷千姿百態，各具特色。自3000多年前的商代開始，古代瓷器就分單色釉瓷與彩繪瓷兩大類。單色釉瓷具有古樸美、色調美、神韻美，不愧爲華瓷之先。彩繪瓷呈色豔麗清雅，繪畫生動流暢，兩者搭配協調、簡潔明快，堪稱中國古代藝術之冠。

　　中國古陶瓷在數千年的發展過程中，帝王的喜好影響了其燒製風格，文人雅士的讚美成就了它的美名盛譽，而在民間更流傳著無數與之相關的傳說故事。由於古陶瓷造型優美多姿，裝飾豐富多彩，內涵博大精深，所以一直受人青睞，讓世界爲之驚歎。

　　常言道「亂世藏糧，盛世藏寶」，「文化養人，藝術養心」。自20世紀80年代以來，隨著社會安定，經濟繁榮，生活小康，我國民間收藏事業日漸紅火，久盛不衰。由於古陶瓷存量多，觀賞性強，升值較快，便成爲古玩愛好者的主要收藏對象和投資項目。

　　收藏是一件高雅的事情，樂趣很多，既可陶冶情操、開闊眼界，又能增長知識、積累財富。當今社會很多人已把收藏視作業餘生活的重要組成部分。然而，每件事物都有兩面性。收藏活動既有樂趣，亦有煩惱。最煩心的莫過於花錢買了贋品，又不能退，白白地交了「學費」。

　　我認爲「收藏」不僅要有財力，更要有眼力。眼力來自刻苦學習，不僅要讀書，而且要接觸實物，理論聯繫實際，多看、多問、多比，不斷積累經驗，只有這樣才能避免上當受騙。

　　《古陶瓷鑑賞與收藏》是一本非常有用的工具書，它全面系統地闡述了我國古陶瓷發展演變的脈絡，特別是介紹了古陶瓷的時代特徵，深入淺出，簡潔明瞭，圖文並茂，通俗易懂。我深信一定會受到大家的歡迎。

　　作者王丹丹1984年被政府派至國家文物局揚州培訓中心第二屆全國古陶瓷鑑定班學習，作爲當時的班主任，我感受到，在3個多月的學習中，她認眞踏實，進步頗快，是一位有培養前途的人才。回到安徽省博物館以後，她被分配到保管部主管陶瓷工作，有機會長期接觸實物，理論聯繫實際，再加上自身

勤奮好學，終於獲得了重大突破，取得累累碩果。到目前爲止，她已發表了專業論文30餘篇，主編並參與編寫了近十部著作，成績斐然。

　　古人云「天道酬勤」，我用這句話來揭示王丹丹成功的眞諦一點也不爲過。這本《古陶瓷鑑賞與收藏》的出版，可以說是她30多年來研究中國古陶瓷心得與成果的總結，可喜可賀。是爲序。

國家文物鑑定委員會委員　中國古陶瓷學會副會長

南京博物院研究員　復旦大學兼職教授　張浦生

庚寅年仲秋書於滬上片瓷山房

前　言

　　古陶瓷是中華民族的瑰寶，其歷史悠久，文化內涵極其豐富，藝術精品價值極高。瓷器更是中國古代的偉大發明，是中華民族對世界歷史文化發展的重大貢獻，這已經爲世界所公認。

　　瓷器還是火與土完美結合的藝術，人類在燒製瓷器的同時，也將自己的靈魂與智慧融匯其中，使器物充滿靈氣，蘊涵生命。

　　古陶瓷具有很高的歷史價值。郭沫若先生曾經說過，中國古陶瓷發展的歷史，就是中華民族發展的歷史，它是幾千年來中華文化歷史的見證。每一件器物背後都凝聚著人類文明與智慧，蘊涵著一段歷史，述說著一個又一個故事。與書畫、青銅器、金銀器、玉器等其他文物一樣，古陶瓷是歷史遺留下來的實物見證，是不可能再生的物質財富。在它們的身上蘊涵著古代文化的氣息，我們透過對這些古陶瓷的觀察與研究，可以追尋到歷史的蹤跡。

　　古陶瓷具有很高的美學價值。古陶瓷具有造型之美、彩繪之美、釉色之美，透過對古陶瓷的欣賞，我們可以得到美的享受和愉悅，而且越是名窯精品，它所給予人們的美的享受、美的震撼越是強烈。

　　我們還可以這樣說，古陶瓷的文物研究價值也非常高。因爲中國的古陶瓷是中華民族文化的一個重要組成部分，要研究中華民族上下五千年的演變和人文歷史，古陶瓷不可或缺。既然古陶瓷具有了歷史、美學和研究價值，那它就必然具有收藏價值。有了收藏價值，也就一定會產生相應的經濟價值。在市場經濟已佔據社會經濟主體地位的今天，這個道理不言而喻。

　　縱觀中國歷史上大的收藏熱潮，前後大約有五次：北宋、晚明、清乾隆、民國、跨世紀的今天。這五次收藏熱潮，無疑都是以稀有的文物爲依託，以飆升的市場價值爲槓桿，將博大精深的華夏文明一次次地在民眾中推廣開來。所謂「盛世收藏，亂世黃金」，如今恰逢盛世，收藏熱潮方興未艾，一浪高過一浪。文物的商業價值，屢創新高。2005 年，元青花「鬼谷子下山圖」罐，在英國佳士得以 11 億元台幣的天價拍出，成爲亞洲藝術品中的天字第一號，從而震撼了國內學術界、藝術品收藏界和投資市場。

　　本書是古陶瓷愛好者的收藏入門參考書，除講述了收藏鑑定的一般知識

外，還介紹了新石器時代、夏商周時代、秦漢時期、三國兩晉南北朝時期、隋唐五代時期、宋遼金時期以及元明清各朝各代古陶瓷器的造型、工藝、胎釉、紋飾、款識等的特點，以及它們的演化過程，希望幫助古陶瓷愛好者在鑑賞收藏時能夠辨明朝代、識別真偽。在收藏過程中，辨偽防偽是必不可少的。因爲歷代都有仿造本朝和前朝器物的習慣，這在我國已經有千年以上的歷史。隨著社會的進步和科技的發展，作假的手段也層出不窮。收藏愛好者一定要細心觀察，不斷對比，慎重購買。

「老仿老」有後朝仿前朝的，也有本朝仿本朝的。只要是民國及民國以前的陶瓷器，也都能稱之爲古董、老件，都具有較高的收藏價值。這是因爲它仿製的年代較久，已經進入了古董範圍，和「新仿老」有很大的區別。

對於收藏愛好者來說，最重要的是擺正自己的心態，不要急於求成，不要東西剛買來就想出手賺錢發財。對於古玩收藏更應該理性對待，應多查閱書本及相關資料，多請教專家，反覆仔細對比，這樣才可以鍛鍊眼力，積累收藏經驗，不要總想著去撿漏佔便宜。

當今古玩市場中，現代仿製品、做老做舊的物品幾乎到處都是。想淘真品就要多學習、多鑑別、多請教、多掌握相關知識。千萬不要不懂裝懂，否則，遇到真品你會錯過，遇到贗品則容易上當。總之，收藏本身更多的是在於品味一種文化，培養一種心境，是一個取得知識的快樂過程。

在編寫本書的過程中，作者曾得到安徽科技出版社社長、編輯的關心支持，李廣寧先生給予熱情幫助並作跋，卜堅先生對書中的插圖也做了大量工作，在此一併致以衷心感謝。由於本人學識淺疏，書中定會有疏漏、錯誤之處，還望讀者不吝賜教。

作者

目　錄

第一章

陶瓷鑑定與收藏的一般知識

一、陶瓷與古陶瓷的概念

(一)什麼是陶瓷

通常而言，用陶土燒製的器皿叫陶器，用瓷土燒製的器皿叫瓷器。陶瓷，則是陶器和瓷器二者的總稱。也可以說，凡是用陶土和瓷土這兩種不同性質的黏土為原料，經過配料、成型、乾燥、焙燒等工藝流程製成的器物，都可稱之為陶瓷器。

實際上，「陶」和「瓷」在原料和物理性能等方面都有很大區別。如何具體定義陶器和瓷器，到目前為止，還沒有一個十分嚴格、公認的國際統一標準，不同國家和地區的陶瓷專家有不同的理解和釋義。在國內，古陶瓷專家的意見也不盡相同。但透過多年的學術研究、探討和交流，人們已經有了一個大致的區分陶器、瓷器的標準。

新石器時代 陶罐

1. 陶 器

陶器的胎由普通黏土製成，黏土的主要成分是矽和鋁的氧化物，此外還有鐵、鉀、鈣等金屬氧化物；胎體的燒結溫度因黏土裏氧化物的不同而變化，一般燒製的溫度較低，在1000℃以下，因此燒成品的胎質較疏鬆，吸水率高，敲擊時發出的聲響不清脆；器物外一般不施釉或施低溫釉及繪彩。

2. 瓷 器

瓷器的胎用比較特殊的黏土——耐高溫焙燒的瓷土製成。這種黏土的主要成分是高嶺土，並含有長石、石英石等；入窯後必須過1200℃以上的高溫焙燒，才具備瓷器的物理性能；燒成的胎體吸水率不足1%，或不吸水；且胎質堅硬結實，組織細密，敲擊時能發出清脆的金屬聲；胎體外均施高溫玻璃質釉。

實際上，區分陶與瓷的主要關鍵因素有兩條：一是胎土原料，二是焙燒溫度。前者是內因，後者是外因；胎土重要的化學成分為氧化鋁和氧化矽，陶土和瓷土中氧化鋁、氧化矽的含量多少，燒製溫度高低，直接影響陶器與瓷器的質地與外觀。

一般的陶器胎體中氧化鋁含量較低，因此不能高溫燒造，溫度過高就會發生胎體變形。而瓷器胎體的原料高嶺土中氧化鋁含量較高，器物在高溫燒製中不會變形。同時，氧化矽在高溫下，發生熔融流動，將瓷器胎體內的空隙填實，使瓷器胎體不吸水，敲擊時發出清脆的金屬聲。

3. 過渡性的古陶瓷器

介於陶器和瓷器二者之間，還有一些所謂「半陶半瓷」「非陶非瓷」的過渡性的古陶瓷器，也就是專家們所稱的「釉陶」「原始青瓷」。

釉陶　是一種早期上釉的陶器，燒製時期從戰國至漢代，尤其以秦漢時期最流行，東漢以後，隨著瓷器燒製技術的成熟，釉陶便逐漸消失。釉陶燒製時溫度較高，胎質堅硬度高於一般陶器。很多胎體表面施了一層低溫薄釉，主要色調略呈青黃色。釉陶的特徵更加接近於陶器，所以應畫定在陶器的範疇內。

原始青瓷　是陶器向瓷器漸變的低級階段的青釉瓷器。原始青瓷開始燒製於商代，胎土呈灰白色，器身普遍施黃綠色或青綠色的釉。原始青瓷的燒成溫度已經達到1200℃左右，主要特徵已基本上與瓷器相同，應當歸納到瓷器的範疇。原始青瓷經過西周、春秋、戰國、秦漢時代，製作水準日益提高，至東漢時期，已發展成為真正的青瓷。

(二)什麼是古陶瓷

在文物鑑定行業，「古」是指古代，我國古代的時代下限一般定在封建社會結束的時候，即清王朝消亡的公元1911年，在此之前生產製造遺留下來的陶瓷器，都可稱之為「古陶瓷」。

漢　綠釉犬

西周　原始青瓷弦紋帶座七聯盂

二、中國古陶瓷在中國文化史上的地位與價值

　　中國是世界上歷史悠久的文明古國之一，對人類社會的進步與發展做出了重大貢獻。中國陶瓷的生產歷史源遠流長，在瓷器的製造工藝和藝術創新上取得了巨大的成就，在世界文明以及人類發展史上具有崇高的地位。

　　瓷器是中國人發明的，成熟、興盛、光大於中國，這已為世界所公認。在英文中，「瓷器」（china）與「中國」（China）同為一詞。我們勤勞智慧的祖先在漫長的歷史歲

月裏，創造了無數精美的陶瓷器，給我們留下了豐厚的遺產。中華民族對美的追求與塑造，體現在陶瓷創作的方方面面，並在各個時代形成了非常典型的工藝和藝術特徵。因此，古陶瓷史成為中華民族文化發展史的一個重要組成部分。

從8000多年前的新石器時代開始，我們的先民就已經會製造和使用陶器。中國陶器的進展與瓷器的發明經過了一段漫長的歲月。特別是瓷器，製作由簡單到複雜，產地由局部擴展到廣大地區，各地製品又有不同的時代特點和地方色彩，並且共同形成中國陶瓷特殊的傳統風格，與世界各國各地區的陶瓷藝術相比較，中國的陶瓷更有其精湛的技藝與卓越的藝術成就。

中國歷代的製瓷工匠十分善於因地制宜，就地選材，在充分掌握原材料性質的基礎上，把陶瓷器的內在品質與外形美有機地結合起來，使之達到互相襯托、相得益彰的境界。從我國陶瓷藝術發展的過程中，我們可以清晰地看出三個時代飛躍的脈絡軌跡。

即從新石器時代到商代，陶器器身開始有釉，雖然有的釉很薄，而且釉色不很穩定，但卻標誌著陶瓷發展過程中重要的第一次飛躍；

自商代經漢魏至宋代，我國南方的青瓷用高溫燒成，質地緻密，胎釉結合牢固，釉層清澈，釉面晶瑩光澤，這標誌著陶瓷發展過程中的第二次飛躍；

宋代以後，江西景德鎮的工匠找到了優質原料高嶺土，並進行精細加工，採用適宜的裝窯方法與燒成溫度，製成的影青瓷胎與釉質量均有極大的提高，其中以胎土篩選方法的

清乾隆　粉彩花卉紋瓶

改進，使瓷器的質地提升最為顯著，這就是說，在質量上已完成了最重要的第三次飛躍。

這時的影青瓷，如同明代宋應星在《天工開物》中描述的一樣：「陶成雅器，有素肌玉骨之象焉。」

中國陶瓷的裝飾藝術，最早可以追溯到新石器時代的彩陶文化。其中最有代表性的為黃河中上游的仰韶文化、馬家窯文化，黃河下游的大汶口文化、龍山文化，長江中下游的良渚文化，等等。在最原始的陶器上，就已經發現了大量裝飾的痕跡，可以說器物的造型或彩陶的紋樣都能充分反映先民們質樸的審美情趣和天才的想像力。在彩陶紋樣裝飾中，無論是繪畫的色彩還是點、線、面的綜合使用，都顯示出超凡脫俗的藝術美。似乎從藝術萌芽剛剛出現的那一刻，中華民族所擁有的審美情趣就和別人不一樣。

從彩陶發展至今，經歷了幾千年的歷史，陶瓷裝飾藝術隨著社會的不斷進步和發展，從粗獷到細膩，從單一到繁雜，無論是裝飾手段還是裝飾內容，都發生了巨大的變化，現在常見的有青花、粉彩、五彩、三彩，還有各種顏色釉加彩，等等。

陶瓷藝術家們一方面繼承優良傳統，汲取古代勞動人民的技巧和經驗，一步一步提高陶瓷裝飾藝術水準；另一方面，從其他藝術門類以及外來工藝中汲取營養，豐富自己的創造內涵。但是無論怎樣發展，中華民族文化固有的審美情趣的根沒有改變。

北宋　影青釉注子注碗

三、古陶瓷鑑定的基本方法

中國陶瓷藝術歷史悠久，歷代陶瓷製品、精品數不勝數。在新石器時代，中國陶瓷就有了燒製技術，到距今3000多年的商周時代，已有了原始青瓷。瓷器真正成熟於東漢，迄今也有約2000年了。中國陶瓷從原始、稚嫩到成熟，不斷地發展提高，至清代達到了歷史高峰。因此，只有對陶瓷製品的年代、窯口、品種、質地、真偽等，做出準確無誤的判斷，才能對陶瓷器具有的歷史、藝術等價值做出合適的評定。

此外，由於當時時代風尚或者利益所趨，歷代一些名窯精品的仿造作偽者層出不窮，當代仿當代、後代仿前代，官仿官、私仿官，等等，不勝枚舉。這樣，呈現在古陶瓷鑑定人員或是陶瓷愛好者面前的就是一個泥沙俱下、撲朔迷離的陶瓷世界。

現在對古陶瓷的鑑定，通常採用兩種手段：

一是傳統的目測、手試，這是一種最簡單而行之有效的鑑定方法，基本上具備了一定的真實性和準確性；

二是利用現代科技手段檢測，也就是對古陶瓷標本進行胎釉等化學成分的測試，還有採用碳-14和熱釋光技術測定等，透過對大量檢測數據的分析，判斷古陶瓷樣本的年代、窯口、胎釉等。

但是應當指出的是，中國古陶瓷錯綜複雜，採用現代科技手段對古陶瓷進行測試研究有一定的局限性。因此，「目鑑」仍然是當前對古陶瓷鑑定的主要手段。

用傳統的手段鑑定古陶瓷，最基本的是要熟悉中國古陶瓷所處的社會大背景、人們的生活狀況以及當時各階層的審美意識和審美情趣，瞭解中華民族各藝術門類的文化精髓和內涵，涉獵考古出土資料，堅持長期刻苦學習和探索實踐。常言道：進門簡單，學好不易。古陶瓷鑑定是一門學問，它也是有規律可循的，立志鑽研這一門學問，沒有什麼捷徑，肯下苦功夫是第一位的。就是要多看、多問、多記；不但學書本知識，更要多看實物，看真品、看仿品；琢磨很重要，對細節的研究是成功的關鍵；絕不要放過每一次實踐的機會。只要你做到由淺顯到深奧、由標準到特殊，循序漸進、踏踏實實、持之以恆，你就一定能達到「一覽眾山小」的境地。

鑑定古陶瓷有幾個基本目的：一是辨別真偽，看它是真品還是仿品，是過去仿的還是新仿的；二是斷代，藉以揭示古陶瓷的歷史內涵；三是判定產地、窯口；四是判斷質量優劣、藝術性高低，從而明確古陶瓷的藝術價值。

鑑定一件古陶瓷，必須從造型、工藝、胎釉、紋飾以及款識等方面細心觀察，並把這幾個方面聯繫起來，就可一層層地還原古陶瓷的本來面目。

1. 看古陶瓷的造型

不同時代生產的陶瓷器有不同的造型特徵，可以說它有明顯的時代性。歷代陶瓷器的造型風格都基於當時製作陶瓷的技術條件、社會生活習俗，它直接反映出不同時期人們的審美標準。不同時代陶瓷器物的造型特徵與神韻，是鑑別古陶瓷年代、真偽的重要依據。有些古陶瓷的器形只在那個時代才有，其他時期都沒有出現，所以我們常說，古陶瓷不會超越也難以超越其時代條件。即使在同一個時期，不同地區、不同窯口生產出來的陶瓷

器，造型也不一致。這就需要我們對歷代器物造型有一個總體的概念，掌握並牢記什麼時代出現了什麼造型，什麼地區、什麼文化的器物有什麼樣的造型特徵，或者是什麼著名窯口的陶瓷器有什麼樣獨特的器形，等等。

古陶瓷鑑定專家孫瀛洲先生有一段十分中肯的話：「一般來說，陶瓷器在紋飾、胎釉等方面均能體現各個時代的特色，但是，其造型在這方面表現得更為突出。所以若能善於識別各時期陶瓷器的形狀和神態，就可以在鑑定工作中掌握一種可靠的方法。」

例如雞首壺，出現於三國吳晚期，延續至唐代初期，因壺嘴做成雞首狀而得名。雞首壺在三國、西晉初期器形一般是在小盤口壺的肩部一面貼個雞頭，雞頭短小無頸，尖嘴，另一面貼象徵性的雞尾。東晉時期的雞首壺雞頭有頸有冠，口由尖改為圓，有孔，有的柄上端雕塑龍頭或熊首，壺身較西晉時高，肩上為橋形方系，是當時流行的一種裝飾形式。到南朝時，雞首壺又有變化，主要是壺身、雞頸、雞冠等都較高細。北朝時，柄上的龍頭更加粗壯，有的壺上部浮雕覆蓮瓣。隋代的雞首壺則更加高大，系形也趨於複雜。一個器形經過幾百年的變化，每個時期都有所不同，所以鑑定時要對器形爛熟於胸，才能辨別真偽。

又如明清瓷器天球瓶始見於明代永樂時期，是受西亞文化影響的一種器形。宣德天球瓶較永樂時略顯粗放，胎骨厚重，此後明代各朝均未出現。清代康熙時期仿古之風盛行，天球瓶多仿明初器形。雍正時期天球瓶的器形也極似明代的永樂、宣德時期。乾隆時天球瓶多見，有大有小，不如雍正時的優美。

觀察一件器物的造型時一定要認真細緻，對口沿、腹部、底足以及耳、流、柄、系等，都要仔細比較，總結出規律性的東西。只有如此，鑑定陶瓷器形時才不會出現南轅北轍的現象。

2. 看古陶瓷的工藝

陶瓷工藝體現了古人的智慧和經驗。不同時期的工藝技術，也決定了當時陶瓷器的精美程度與質量。陶瓷器工藝技術有鮮明的時代特徵，一般地說，時代越早，工藝技術越原始，水準越低

元　青花花鳥紋八棱葫蘆形瓶

下。反之就會比較先進，技術含量也就越高。

陶瓷器在生產過程中有關工藝技術的環節有很多，主要包括胎釉原材料的配方、加工成型方式、裝燒方法、燃料種類、窯爐氣氛等。一件陶瓷器需要每道工序的協調配合，才能達到完美。在鑑定中，就要注意抓住這些特點，一方面關注造型、紋飾等顯眼的地方，另一方面留心不同時代的工藝技術，這就可以給鑑定結論提供重要依據。

比如，新石器時代早、中期的陶片上有黏合的層理和層理剝落的現象，這反映了我國最原始的製陶工藝成型方法，考古工作者稱之為「泥片貼築法」。新石器時代早期的河姆渡文化一期的陶器，普遍使用的一種製陶方法就是筐籃編織成器，陶片層層相貼燒成。到了新石器時代中期，又出現了「泥條盤築法」，就是用手工將黏土搓成泥條，一圈圈盤築成器形再燒造成陶器。因此，我們在許多出土的早期陶器上都可見到凹凸不平的泥條盤繞的現象，這也是鑑定陶器的重要依據之一。

商與西周時期的原始瓷器也是採取泥條手製成型，所以商代許多原始瓷的器形不甚規整，器身歪斜、高低不平。春秋以後，原始瓷的製作逐漸變為拉坯輪製成型，器壁厚薄均勻，器形非常規整。一些圓器如碗盤類的內底和器壁都有手指拉坯時留下的明顯的螺絲紋，或是外底有刀割的痕跡。這些器物製作時留下的痕跡，對鑑定原始瓷器有很大的幫助。在元代，一般青花琢器和圓器基本上都是採用手工脫坯工藝成型。器物成型的工序，先是分段製作模型，然後把泥料置入模型內，用手壓實，稍乾取出，即為器胚，再將器胚進行對接，直到把整個坯體完成。

知道了元青花特殊的成型工藝，就不難理解元青花器物為什麼出現了八方梅瓶、多棱玉壺春、棱口大盤等，這些都是拉坯成型法比較難以製成的器形。由於元青花採用了脫坯的方法，器物的表面就可能出現接胎的痕跡，或者接縫上有誤差，用手摸釉面有高低不平、不太均勻的感覺。

在當今言必稱元青花的情況下，很多仿元青花器物都使用了拉坯甚至注漿成型方法，因此我們在這裏向元青花的愛好者提出了一個分析研究以及鑑定的新思路。

3.看古陶瓷的胎與釉

胎與釉是陶瓷器的骨肉。由於不同的時代、不同的窯口選用的陶瓷製作原材料不同，使得各窯口的胎、釉成分也有著明顯的差異；燒造的窯內氣氛不同，燒成的陶瓷產品在質地上、釉色上也各不相同。

我們可以仔細觀察胎體釉面的緻密、光潤、色調等情況，掌握各窯口產品的胎釉特點進行分析，對鑑定器物的年代、窯口都有很重要的意義。

我國新石器時代陶器雖然一般不施釉，由於早期的窯爐簡單，陶器在一種較低溫度下的氧化氣氛中燒造，燒成後的胎體呈紅色，人們稱之為紅陶。隨著陶窯結構的改進，陶器可以在溫度較高的還原氣氛中燒成，因而陶器胎體呈現青灰色，這種灰陶的胎骨比紅陶更堅硬。新石器時代早、中期的陶器多為紅陶，晚期直至商周時代多為灰陶。我們可以由看陶器的胎色來推斷它所處的年代。

商代開始出現原始青瓷，這是瓷器的低級階段，燒造溫度較低，胎質沒有完全燒結。這個時期的器物多施薄釉，釉層不均勻，釉色深淺不一，特別是胎體釉面沒有形成

清乾隆　彩繪鹿紋雙耳尊

互相滲透的層次，所以容易出現脫釉疤痕。到了春秋戰國時代，原始青瓷的胎釉質量顯著提高。鈞窯是宋代五大名窯之一，宋以後歷代都有燒造，鑑定時也主要是觀察研究胎骨與釉。北宋鈞窯胎土非常細膩，胎質堅硬，胎色呈深淺不同的青灰色；釉色多天青，青中帶紅，釉層厚實，常出現不規則的細線，稱「蚯蚓走泥紋」，釉面平滑。元後仿鈞窯，胎土遠不夠細膩，胎質鬆粗，釉色多為月白之類，一些銅紅斑塊晦暗朦朧，多棕眼現象。

　　鑑定古陶瓷的胎體、釉面，有一個十分重要的部位就是底足。觀察底足露胎的地方以及器底，可以瞭解器物胎體新舊的程度，年代久遠的陶瓷器胎體會出現乾酥、自然老化的現象，年代不長或新仿的胎骨一般會顯得新濕、粗硬；年代久遠的陶瓷器釉面會形成一種溫潤的內斂光澤，而新仿的陶瓷器釉面光亮刺眼，有的專家稱之為「賊光」「火氣」。

　　研究陶瓷器的底足胎釉對鑑定大有益處。而造假者也正是看到了這一點，用各種手段來掩飾仿品的本來面目。水準差一點的造假者，往往在仿品上塗抹黑髒的束西以迷惑鑑定者；「盡心」的造假者則會採用接底手法，將老底嫁接到新器身上，底足經常帶有款識甚至是官窯款。因此鑑定底足時一定要仔細，馬虎不得，否則就會誤入歧途。

4. 看古陶瓷的紋飾

　　陶瓷器上的紋飾就像我們的衣冠，有明顯的民族性、地域性和時代性，也是鑑定古陶瓷不可忽視的重要組成部分。陶瓷器紋飾繁多，按內容可分為人物、動物、植物、山水等，按裝飾加工手段又可分為堆塑、捏塑、刻畫花、印花、錐刺等，不一而足。陶瓷器上的紋飾，無論是從題材還是採用的表現手法來說，都反映了中華民族審美情感和生活方式

的內涵。陶瓷器是千百年來人們表達感受和情懷的一種工具，它真實地體現了當時人們的思想感情和喜怒哀樂，這是值得銘記的人文歷史。

在新石器時代的黃河流域，仰韶文化半坡類型有一件人面魚紋彩陶盆（現珍藏於中國國家博物館），內壁人面頭頂和面頰有三角狀魚形飾物。有專家推測，因當時生產力十分低下，很多自然現象無法解釋，兒童夭折後，人們請巫師作法，用魚形飾物附體於夭折的兒童，從而超度亡靈進入另外一個世界。

黃河流域的馬家窯文化的旋渦紋，是以旋渦為基本主題的紋樣，是結構最複雜、最精美的紋飾之一。它把黃河水描繪得那麼明快流暢，那麼富有藝術感染力，反映了我國原始社會的人們在陶器上的高超繪畫技巧。

陶瓷器上的饕餮紋題材可以歸為動物類紋樣，它也是具有濃厚中國色彩的傳統紋飾之一。據考證，饕餮紋始見於新石器時代晚期。商代青銅器上的饕餮紋最精美，陶器特別是白陶器上的饕餮紋，可與青銅器上的比肩。之後在陶瓷器上典型的饕餮紋很難見到，一直到明清時期才再度流行。

我國陶瓷器上植物紋飾使用最多的當屬蓮紋，或稱蓮花紋。南北朝時期佛教盛行，蓮花紋也就成為當時陶瓷器上的典型紋飾，而且一直到清代都盛行不衰。蓮瓣紋是蓮花紋的一個分支，早期陶瓷器上的蓮瓣紋作為主題紋飾採用，如南北朝的精品青釉仰覆蓮瓣紋尊，其造型和紋飾都極為華麗。元、明、清瓷器上所繪蓮瓣紋或變形蓮瓣紋，多作為輔助紋飾，在器物的肩、頸部出現。而束蓮紋最早見於宋代耀州窯青瓷，元、明、清瓷器中的盤類上也較多出現，特別是明代永樂、宣德年間的青花盤心，盛行描繪一束蓮紋。

中國陶瓷器上的山水繪畫紋飾，最早可以追溯到唐代。河南省偃師市唐恭陵出土了一件純粹的山水紋陶罐（現珍藏於偃師市文物管理所），為我們研究初唐陶瓷繪畫藝術提供了彌足珍貴的實物。元代的青花、釉裏紅中，開始出現多用於陪襯人物或動物的山水畫面，獨立意義的山水紋在明代瓷器上才開始出現。

清代康熙青花山水畫中，採用「斧劈皴」風格繪山石，並注重色調深淺，達到「墨分五色」的效果。到了雍正年間，改用「披麻皴」法畫山石，瓷器上的繪畫風格也有變化。乾隆時期瓷器上的山水紋，山石層次豐富，幾乎與國畫無二，藝術水準非常高。此後清代山水紋就再也沒有什麼新的發展了。

明清官窯與民窯瓷器的紋飾，可以說是涇渭分明。官窯製作大多工整精細、程序化，而民窯則有明顯的隨意性和質樸的民間風格。熟悉歷代以及官、民窯的紋飾特點，對我們的鑑定工作大有裨益。

5. 看古陶瓷的款識

款識又稱銘文，是用刻、畫、畫、印、寫等製作手段，留在陶瓷器上的文字或一些特殊的符號與圖案，用以表明陶瓷器的年代、窯口、製作者、使用者、供養人及用途等等。陶瓷器上的款識有多種，如紀年款、堂名款、齋名款、人名款、地名款、吉言讚頌款、干支款、花押款、圖案款等等。

陶瓷器的款識雖然是陶瓷器上裝飾的附屬物，但由於款識的內容、結構、字體、顏色等各方面都具有鮮明的時代特徵，所以也是鑑定陶瓷器不可忽略的一部分。

在新石器時代晚期的一些陶器上，就有刻畫符號出現，這應該是最早的款識。在戰國時代就有日用陶器上刻印了文字，這些文字很可能是標記製陶工匠的姓名或是製陶窯場的名字。在漢代的陶明器中，就經常會發現有款識的器物，如在江蘇揚州市發掘的一座東漢早期磚室墓裏，有一件帶銘文的釉陶倉頗引人注目。倉房的中部安置有一窗，窗的兩側各刻有豎排銘文，銘文為陰文隸書字體，左側為「屯（囤）耑（端）大吉利，內（納）穀」，右側為「屯（囤）上鳥，名鳳皇（凰），宜富昌，辟（避）央（殃）」，釉陶倉兩側刻了18個字，從文字內容看出古人已認

清乾隆　款識

識到囤積糧食的重要性，倉房頂裝飾吉瑞之鳥鳳凰，也反映古人企望「富昌」「大吉利」的美好願望。該器藏於揚州市邗義縣文物管理所。

目前所知最早瓷器帶題記的是出土於浙江省鄞縣的東漢青瓷壺，在壺的底部刻有「王尊」二字。瓷器的紀年款最先見於三國時期，南京市博物館就藏有一件三國吳青釉堆塑人物樓闕魂瓶，瓶肩以上部分堆塑各種飾物，其中為一臥龜趺碑，碑作圭形，上刻「鳳皇（凰）元年立位長沙太守友作浹使宜子孫」的款識，表明了年代、製作用途、使用者等。

從宋代開始，陶瓷器上的款識特別是紀年款較之以前各代數量明顯增多，內容單純的年款流行，另有吉語、詩詞、宮殿名稱、製作者姓名等，以刻畫為主，書寫和模印次之。如藏於甘肅省博物館的一件白地黑彩瓷枕，枕呈長方體狀，枕面繪一虎，右上側題「明道元年巧月造青山道人醉筆於沙陽」16個字，底有「張家造」戳記。觀枕面紋飾猶如一幅帶題款的國畫。文中「巧月」，即農曆七月。傳說農曆七月七日夜，牛郎織女相會，婦女於是夜穿針引線，稱為乞巧，因此七月七日又稱乞巧節。北宋時開封城內七月初有乞巧市。「沙陽」，指沙河之陽，在今河北省西南部。「明道元年」為宋仁宗時期，即公元1032年。此枕是磁州窯「張家造」瓷枕中最早的一件有明確紀年的。

元代景德鎮窯發現的寫有紀年款的青花器，以兩件青花雲龍紋象耳瓶最為著名，被世界公認為「至正型」元青花。這兩件青花瓶的口頸上楷書銘文為「信州路玉山縣順城鄉德教裏荊塘社奉聖弟子張文進喜舍香爐花瓶一付祈保闔家清吉子女平安至正十一年四月良辰謹記星源祖殿胡淨一元帥打供」。器物上銘文既表明了年代、製作地點，又表明了器物數量、供養人和用途等。明清兩朝，最主要的款識出現於景德鎮官、民窯瓷器上。從明代永樂年間開始，官窯瓷器冠以帝王年號款成為定製，歷代相襲。如「大明宣德年製」「大清乾隆年製」等。此外，官窯器還另有各種款識，如明代成化的「天」字罐，底部有青花楷書「天」字款，無圈欄。清代道光御用器楷書「慎德堂製」款，慈禧太后專用器署「大雅

齋」紅彩款。除官窯外，民間窯場也有署寫年款和其他各類款識的，如明代單寫「大明年造」而不書年號者，多為民窯產品。清代康熙時期民窯中有一類仿「大明成化年製」的煙壺，其中款識中的「年」字草寫似「多」字，俗稱「多年」煙壺。民窯器物的款識往往字體不規整，仿官窯器物的款識也大多軟弱無力，有的還十分潦草。款識中還有一些是吉祥語、花押或圖案的，如明代洪武年間瓷器中的盤碗器心草書「福」字。嘉靖、萬曆時期的「玉堂佳器」款，一直沿襲到清代順治、康熙年間。

明朝天啟時的一些罐類，底部有一個兔子圖案，被稱作「兔子罐」。而晚清時期，很多民窯青花瓷器底部往往有簡筆的青花年款，字體很隨意，難以辨識。

在古陶瓷器鑑定時，我們必須仔細觀察款識的時代風格，反覆審度款識的書寫筆法、字體結構、排列形式、用料顏色等，特別是掌握一些字的特殊用法，並結合器物的造型、胎釉的色彩等幾個方面，認真地加以推敲，才有可能去偽存真。

古陶瓷鑑定是一個系統工程，要做到綜合考慮，辯證地看問題。不能只看一方面而忽略另一方面，也不能只看到顯眼的問題而忽視其他細微的地方。我們一定要從多方面來綜合觀察、認真研究，如只抓住某一兩點就匆忙下結論，那就有可能失之偏頗。

四、古陶瓷的價值

1. 古陶瓷的歷史價值

與書畫、玉器、青銅器、金銀器等其他文物一樣，古陶瓷是歷史遺留下來的實物見證，是不可能再生的物質財富，在它們的身上蘊涵著古代文化的氣息。我們透過對這些古陶瓷的觀察與研究，可以追尋人類的歷史蹤跡。

2. 古陶瓷的美學價值

古陶瓷有造型之美、釉色之美、彩繪之美，通過對古陶瓷的欣賞，我們可以得到美的享受，而且越是名窯精品陶瓷器，它給予人們美的震撼越強烈。

3. 古陶瓷的研究價值

古陶瓷的文物研究價值非常高，因為中國的古陶瓷是中華民族傳統文化的一個重要組成部分，要研究中華民族上下五千年的演變和人文歷史，古陶瓷便成為重要的研究對象，不可或缺。

4. 古陶瓷的經濟價值

既然古陶瓷已經具有歷史、美學、研究價值，那它就必然具有收藏價值。有了收藏價值，也就一定會產生相應的經濟價值。在市場經濟已佔據社會經濟主體的今天，這個道理不言而喻。

中國歷史上大的收藏熱潮，大約有五次——北宋、晚明、乾隆、民國、從改革開放後到現在。這五次收藏熱，無疑都是以稀有的古玩、文物為依託，以其飆升的市值為「槓桿」，將博大精深的華夏文明一次次地在民眾中推廣開來。

第二章
新石器時代陶器的鑑定與欣賞

　　陶器的發明，是人類社會從舊石器時代跨入新石器時代的標誌之一。陶器的出現和燒造，促進了人類社會的進步與繁榮，並加速了生產力的發展，提高了人類社會的文明程度。陶器始終與人們的生活和生產密不可分，在人類歷史上有著非常重要的作用。

　　我國陶瓷器的起源可以追溯到一萬年前的原始社會。先民們在漫長的生活與生產過程中，認識了火與黏土的重要關係，也漸漸瞭解了水分、濕度、成型等與陶器製造相關的因素。因此，到了新石器時代，陶器便成了人類賴以生存的一個組成部分。在我國新石器時代，由於地域遼闊，各地自然地理環境很不相同，陶器出現年代的早晚與延續時間的長短並不一致。考古證實，陶器的分佈遍及全國各地，其中以黃河流域、長江流域的新石器時代陶器為主，還包括東南、西南、東北等地區的新石器時代的陶器。

　　以下我們將黃河、長江兩大流域陶器的特徵簡單介紹一下。

一、新石器時代黃河流域陶器

　　黃河流域是旱地農業經濟文化區域，也是我們新石器時代文化遺存最多的地區。這一流域早期文化的情況還不是非常清楚，資料也不多。中晚期的文化遺存已發現的主要有仰韶文化、馬家窯文化、大汶口文化、龍山文化和齊家文化等。這些文化遺存各有一定的分佈範圍，類型面貌也不一樣。

(一)磁山、裴李崗文化陶器

　　磁山文化主要分佈在河北南部與河南北部地區，裴李崗文化分佈在安陽以南、淮河以北河南境內，它們的年代距今8000～7000年，屬於我國黃河流域的新石器時代較早的文化遺存。

　　這兩個文化類型的陶器處於同一時期，有許多共同特徵，但又屬於不同文化類型，有著明顯的差異。兩者的陶質、成型方法和燒成溫度基本一致。胎質粗糙，手製成型，燒成溫度較低，陶色多呈紅色。陶器表面以素面為主，有少量畫紋、篦紋、指甲紋與乳釘紋等。器形比較簡單，常見的有小口壺、圓底或三足缽、深腹罐、假圈足碗等。

磁山文化　陶盂和支架

　　不同之處是磁山文化陶器以夾砂紅褐陶為主，器表多飾以細繩紋、席紋、波折紋。器形還有一些盤、盂、鼎、杯和支架等，其中數量最多的是盂。盂和倒置靴形的支架，都反映了地域文化的特點。紅彩曲折紋彩陶片的發現，驗證了磁山文化與仰韶文化之間密切的關係。裴李崗文化陶器有泥質和夾砂紅陶兩種，器表裝飾少見紋飾，小口雙耳壺造型是其典型器形。

（二）仰韶文化陶器

　　仰韶文化是我國最著名的新石器時代中晚期文化。分佈的中心地帶在渭河流域、河南西部和山西南部地區。其年代距今6000～4000年。

　　仰韶文化陶器特別是早期的器物，很明顯是由磁山、裴李崗文化陶器發展而來的。製陶工藝相當成熟，陶器種類和數量增多。仰韶文化陶器以手製泥條盤築及手捏為主，但已出現口沿慢輪修整的製法，器形顯得比較規範。胎質細膩，有細泥和夾砂兩種。陶色主要是紅色，還有一些呈棕色、灰色，少量呈白色。陶器表面裝飾更多，更講究，除了素面與磨光外，還採用畫紋、弦紋、繩紋、籃紋、附加堆紋、拍印花紋等。

　　在仰韶文化的陶器中，彩陶給人的印象最深，是仰韶文化中的奇葩。彩陶是在細泥質紅陶陶坯表面用天然的礦物質原料繪製圖案，然後入窯燒製，形成的黑、紅、白等顏色的彩紋不容易脫落。有的陶器在彩繪前，先塗一層白色的陶衣襯底，使彩陶更加鮮豔亮麗。彩陶的紋飾題材豐富，包括植物紋、動物紋、花卉紋、幾何紋等。花紋多裝飾在缽、碗、盆和罐的口、腹部，也有在陶器內壁進行繪畫的，這在仰韶文化類型的彩陶中少見。

　　仰韶文化半坡類型彩陶多用黑彩繪帶條紋、三角紋、曲折紋、網紋、人面紋、魚紋、蛙紋等。廟底溝類型彩陶主要是黑色和白色，而紅色的很少；動物形象的花紋也不多，有少量鳥紋和蛙紋等。

　　仰韶文化陶器非常美觀實用，種類也很多，有罐、鼎、斧、甑、灶、缽、碗、盂、杯、缸、盆等，多為圓底器、平底器、尖底器，少見三足器和圈足器。其中尖底瓶是最典型的器形。仰韶文化的陶塑也很出色，捏塑出鳥頭、人面、壁虎等貼飾在陶器上，別具特點。在半坡類型的彩陶缽上，常見彩陶缽的口部裏沿處用黑色寬帶紋組成各種符號，它代表著某種特定的含意。

仰韶文化　人面魚紋彩陶盆

仰韶文化　交叉三角紋彩陶瓶

仰韶文化　彩陶雙耳罐

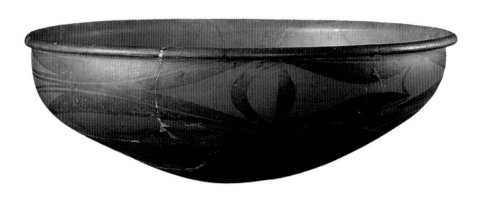

仰韶文化　變體魚紋彩陶盆

仰韶文化　陶灶

（三）馬家窯文化陶器

　　馬家窯文化是受關中地區仰韶文化影響發展起來的，兩者的陶器製造工藝同樣精湛，又有各自鮮明的地方特徵。馬家窯文化主要分佈在黃河上游的青海東部、甘肅省洮河流域、渭河上游以及河西走廊東部、寧夏南部。其年代距今5000～3000年。

　　馬家窯文化的陶器以泥質紅陶為主，也有夾砂紅陶，其胎質較為細膩。陶器多係手製，器表大都經過磨光。彩陶最為成熟精美，多在泥質紅陶或橙黃陶的頸部與上腹部繪黑彩圖案，紋飾顏色鮮豔、線條流暢。有的器物裏面也繪花紋。彩陶的紋樣有帶條紋、圓點紋、弧紋、人面紋、旋渦紋、鋸齒紋、網紋、蛙紋、舞蹈紋等。還有砂質紅陶器表用畫紋、三角紋、繩紋、附加堆紋裝飾，顯示出馬家窯文化彩陶的藝術水準。紋飾的變化豐富

是馬家窯文化彩陶的另一特點。如蛙紋形狀各式各樣，幾乎見不到重複的形象，反映了先民們的才能和智慧。半山類型彩陶的構圖也比較複雜，並且常以黑色鋸齒紋鑲邊。

　　陶器有罐、缽、甕、盆、豆、碗、壺、杯、盂等器形。馬家窯文化的彩陶器中具有代表性的有小口圓腹彩陶罐、雙耳彩陶罐和彩罐缽。

馬家窯文化　人面彩陶壺

馬家窯文化　舞蹈紋彩陶盆

馬家窰文化　渦紋四繫彩陶罐

馬家窰文化　彩陶鼓

　　大汶口文化遺存分佈於山東、江蘇北部、安徽北部和河南中部等地區。其年代距今6000～4000年。

　　大汶口文化陶器以手製成型為主，一些口沿部分逐漸使用慢輪修整，在這個基礎上出現了輪製陶器。陶質一般較為細膩，以紅陶為主，製品中灰陶、黑陶增多，特別是一些細泥薄胎黑陶，表面磨光、烏黑。同時還出現高嶺土或瓷土製作的白陶，顏色潔白，燒成溫度也比較高。

　　大汶口文化陶器器表多素面磨光，飾以畫紋、弦紋、籃紋、鏤刻紋、圓圈紋、三角紋等，大量鏤空裝飾的出現，是大汶口文化陶器的一個顯著特點。彩陶的紋樣別具風格，有圓點紋、條帶紋、圓圈紋、三角紋、水波紋、旋渦紋、花瓣紋、網紋、勾連紋、連弧紋、八角星紋等，其中以八角星紋、花瓣紋的地域特點較為突出。

大汶口文化　白陶鬶

大汶口文化陶器的種類除了平底器和三足器外，還有相當多的圈足器。另外很多器物帶嘴或帶流，帶把帶蓋等也比較普遍。器形有鼎、鬹（ㄍㄨㄟ，炊事器具，有三個空心的足）、盉（ㄏㄜˊ，溫酒的器具，形狀像壺，有三條腿，也有四條腿的）、豆、瓢（ㄍㄨ，盛酒的器具）、杯、罐、尊、壺等，很多造型具有自己的特點。其中鼎的形製比較複雜，有盆形、缽形、罐形和釜形等幾種。鬹一般為空足的，也有實足的。背水壺是大汶口文化所特有的器物。最能代表製陶技術水準的是黑陶高足杯，燒成溫度較高，製作工藝精湛。

大汶口文化　陶豬鬹

大汶口文化　黑陶高足杯

大汶口文化　刻符陶尊

（五）龍山文化陶器

龍山文化分佈在兩大地域，一是以河南、山西、陝西為中心的繼仰韶文化類型發展起來的中原地區龍山文化，年代距今4500～3500年。另一是分佈在山東、江蘇北部一帶，繼大汶口文化發展起來的山東龍山文化，年代距今4000～3500年。

龍山文化陶器的製作水準有了極大的提高，輪製方法普遍採用，因而器形相當規整，陶胎的厚薄也十分均勻。陶器以砂質和泥質黑灰陶為主，還有部分泥質黑陶包括黑皮陶，少量灰陶、紅陶和白陶，彩陶和彩繪陶也有發現。白陶器的燒成溫度較高，有些器物敲擊時可以發出類似瓷器的金石聲音。龍山文化陶器器表多為磨光，有畫紋、弦紋、方格紋、繩紋、鏤刻紋等幾種。

龍山文化陶器器形明顯增多，常見的有鼎、盉、罐、甗（一ㄢˇ，炊具，中間有箅子）、甑（ㄗㄥˋ，炊具，底部有許多小孔，放在鬲上蒸食物）、鬲（ㄌ一ˋ，炊具，樣子像鼎，足部中空）、斝（ㄐ一ㄚˇ，盛酒的器具，圓口，三足）、鬶、觚、杯、壺、碗、豆、盂、缽、甕等。山東龍山文化類型陶器具有代表性的是三足器和圈足器，比較新穎的器形有曲腹盆形鼎、罐形鼎，長流、長頸、帶紐狀把手的陶鬶，高柄杯和高柄豆等。其中曲腹盆形鼎的鼎足被形容為「鬼臉式」，非常獨特。

最能顯示高超技術水準的產品是薄胎蛋殼黑陶。這種黑陶以經過精細淘洗的陶土為原料，拉坯輪製胎壁極薄，厚度僅為0.5～1毫米，表面光亮烏黑。蛋殼黑陶是山東龍山文化中最有代表性的產品，也是我國新石器時代陶器的精品。

龍山文化　黑陶高柄杯

（六）齊家文化陶器

齊家文化是繼承馬家窯文化發展起來的，但有些陶器的裝飾又受到了龍山文化的感染。齊家文化分佈在甘肅、青海和寧夏一部分境內，其年代距今4000～3000年。

齊家文化陶器多為泥質和夾砂紅陶，成型方法以手製為主。其中一些器皿的頸、腹與底部是先分別製好後再粘接成器的。陶器表面的處理比較簡單、不精細，因而器表澀滯，光澤不夠。有少數陶器外壁還施一層很薄的白色陶衣。在裝飾上泥質陶大多使用籃紋，夾砂陶普遍使用繩紋，並有畫紋、弦紋、篦紋、錐刺紋、小圓圈紋、附加堆紋、鏤刻紋等。彩繪器比較少見，大多是在罐類上面用黑色彩繪，施紅彩的情況很少。紋飾有條帶紋、平行線紋、菱形紋和方格紋等。齊家文化的彩陶紋樣雖然比較簡單，但畫面構圖講究對稱，圖案也很規整。

齊家文化陶器器形有鬲、斝、盉、杯、盤、豆、碗、甗、甑、罐、甕等。最有代表性的是大耳罐和侈（彳）口（又稱廣口，其形狀一般為口沿外傾）高領折腹罐。齊家文化的雕塑藝術頗為發達，陶鳥頭、人頭像和小動物以及人面形象的陶罐都顯現出先民們高超的藝術水平。

齊家文化　紅陶盉

齊家文化　貫耳彩陶罐

齊家文化　彩陶罐

齊家文化　單耳紅陶罐

二、新石器時代長江中下游流域陶器

　　長江中下游流域的新石器文化相當發達和輝煌，已發現的文化遺存有長江中游的大溪文化、屈家嶺文化和長江下游的河姆渡文化、馬家濱文化、良渚文化等。這一流域的先民，以水田種植為主，兼從事漁業和製陶等。

（一）大溪文化陶器

　　大溪文化的分佈區域包括長江三峽和湖北、湖南的長江兩岸及其周圍廣大地區。它的年代距今5000～4000年。

　　大溪文化陶器成型以手工製成為主，有的器物口沿部分用慢輪修整。製品以紅陶為主，有一定數量的灰陶、黑陶，少量的白陶。

　　陶器胎體裝飾絕大部分為素面或磨光，有畫紋、弦紋、篦紋、瓦紋、淺籃紋、戳印紋、附加堆紋和鏤刻紋等。器物用各種不同形狀的紋樣拍印，是大溪文化陶器特有的裝飾手法。彩陶多為細泥紅陶，主要用黑彩描繪圖案，間有一些紅彩。花紋有弧線紋、寬帶紋、繩索紋、人字紋、平行線紋、菱形紋、回紋、旋渦紋、鋸齒紋、曲折紋等。

　　器形有鼎、罐、杯、盤、簋（《ㄨㄟˇ，古代盛食物的器具，圓口，兩耳）、碗、甕、壺等。以圈足器最多，其次是圓底器與平底器，三足器很少見。圈足盤、曲腹杯、細頸壺、筒形瓶、圓錐足罐形鼎和簋等都是具有代表性的產品。

（二）屈家嶺文化陶器

屈家嶺文化主要分佈在江漢平原以及河南西南部與湖南北部一帶。其年代距今4000多年。

屈家嶺文化陶器製作以手製為主，有些器物使用慢輪修整。陶質為砂質和泥質紅陶兩種，也有灰陶與黑陶。陶器大部分是素面磨光，少數飾有弦紋、籃紋、畫紋、附加堆紋與鏤刻紋等。

屈家嶺文化製陶技術也達到了較高的水準，蛋殼彩陶的製作就是一個證明。其胎壁厚僅1毫米左右，胎色橙黃，表面施一層灰、黑、黑灰、紅、橙等顏色的陶衣，再描繪黑彩或橙黃色彩。蛋殼彩陶是屈家嶺文化最富特徵的器物之一。

屈家嶺文化　網紋彩陶壺

彩陶紋飾有帶條紋、網紋、圓圈紋、弧紋、螺旋紋、方框紋、菱形紋、乳點紋等。有的用濃淡深淺不一的彩色暈染成猶如流雲般的花紋，並以圓點穿插其間，反映出屈家嶺文化彩陶藝術的製作特徵。

（三）河姆渡文化陶器

河姆渡文化是長江下游流域新石器文化中年代最早的遺存。其年代距今約為7000年。分佈在杭州灣以南的寧紹平原。

河姆渡文化陶器製法尚處於較為原始的階段，以手工製作成型。陶質比較單一，在黏土中摻入燒過的、已碳化的植物葉或稻殼，用作原料燒製夾碳黑陶。由於夾碳黑陶的胎料粗糙，燒成溫度低，因而器壁較粗厚，造型也不夠規整。夾碳黑陶是河姆渡文化陶器最顯著的特徵。

陶器器表以飾印繩紋為主，還有各類刻畫紋和彩繪，也有一些堆塑成動物形象的器物。河姆渡文化陶器上的刻畫紋使用很廣泛，刻畫出鳳鳥、豬、魚等動物圖案，同時這些形象往往與植物紋樣比如稻穗、樹葉等組合在一起。如長方形缽兩側都刻畫豬紋，雙耳盆刻畫魚藻鳳鳥紋，刻畫稻穗和豬紋的盆等。

河姆渡文化彩陶數量不多，但紋樣有獨特風格，在印有繩紋的夾碳黑陶上施較厚的白色陶衣，磨光後用咖啡色和黑褐色描繪變體動植物紋樣。

陶器的種類中有釜、鼎、甑、杯、缽、盤、罐、甕、支座等，其中以釜和支座最具有代表性。河姆渡文化陶器造型不大規整，但設計上卻很突出。如六角形橢圓盤、多角形釜飾以樹葉紋圖案，器形顯得頗為新穎美觀。

河姆渡文化　陶釜

（四）馬家濱文化陶器

　　馬家濱文化主要分佈在江蘇南部、上海和浙江北部一帶。它是繼河姆渡文化發展起來的。其年代距今5000～4000年。

　　馬家濱文化陶器製作以手製為主，也有部分器物用慢輪修整和輪製成型。陶器以砂質和泥質紅陶為主，並有一些灰陶、黑陶和黑衣陶。器表除了素面外，裝飾有弦紋、繩紋、畫紋、附加堆紋和鏤刻紋等，鏤刻有圓、方、長方、三角形等形狀，部分器表還有紅色陶衣。彩陶技藝並不高，一般在表面磨光的陶器上用紅褐彩和淡黃彩繪出網紋、條帶紋、弧線紋、連圈紋等。

　　馬家濱文化陶器常見的器形有鼎、甑、釜、鬶、盉、瓻、杯、壺、盤、匜（一ˊ，盥洗時舀水用的器具，形狀像瓢）、豆、罐等。圓底釜往往有腰沿，在腰部用花邊式寬沿環繞一周，既實用又美觀，是馬家濱文化陶器獨特的作品。

　　還有牛鼻形雙耳或單耳的罐，一側有把手的盉，扁平式鑿形足的鼎，花瓣形圈足的豆，等等，都是具有濃厚地域特徵的器形。

馬家濱文化　陶壺

（五）良渚文化陶器

　　良渚文化是繼承馬家濱文化的因素發展起來的。其年代距今4000～3000年。

　　良渚文化陶器製作技術有了顯著的提高，普遍使用輪製成型，兼有手製和模製方法。良渚文化陶器最大特點之一就是泥質黑陶，而且絕大部分都屬於灰胎黑衣陶，燒成溫度比較低，胎質較為鬆軟，灰黑色陶衣很容易脫落。

　　還有少量表裏皆黑的薄胎黑陶，器壁僅厚1.3～2毫米，燒成溫度較高，近似於山東龍山文化的蛋殼黑陶。還有用兩種不同質料的陶土配合製成一器，如陶盉，器身是泥質陶而底部和三足則為夾砂陶，製作技巧相當高超。

　　良渚文化陶器器表多磨光，飾有弦紋、籃紋、繩紋、畫紋、錐刺紋、波浪紋、附加堆紋以及鏤孔紋等。鏤孔紋也繼承了馬家濱文化陶器的傳統，主要在陶豆把柄上鏤刻圓形、橢圓形、窄條形、長方形、三角形等多種形式。

　　良渚文化陶器也有少量的彩陶和彩繪陶。彩陶在粉紅色陶衣上繪製紅褐色旋紋或者施以紅色陶衣並繪黑褐色斜方格紋。彩繪陶則有兩種，黃底繪紅色弦紋或黑底繪金黃色弦紋。另外還有少量朱繪黑陶。

　　陶器器形規整，三足器和圈足器較為多見。器形有鼎、釜、鬶、盉、盤、豆、簋、盆、缸、杯、碗等。其中大圈足淺腹盤、竹節形細柄豆、長頸貫耳壺、柱足盉、寬把杯及斷面呈「丁」字形足的鼎等，都是良渚文化最具鮮明特點的陶器器物。

良渚文化　黑陶尊

良渚文化　陶鼎

第三章

夏商周時期陶瓷器的鑑定與欣賞

夏商周時代從公元前21世紀左右開始，至公元前3世紀末結束，大致可以分為夏、商、西周、春秋、戰國五個時期。

一、夏代陶器

我國夏代從原始社會進入奴隸制社會時代，其年代時間為約公元前2070年到公元前1600年，歷時400多年。由於夏代歷史文獻記載極少，夏代文化的面貌究竟怎樣，哪些遺存應歸屬於夏代，至今考古學界、史學界還有爭論。專家學者們一般認為，二里頭文化早

二里頭文化 陶盉

期就是夏代文化。因此，我們下面說到夏代陶器的鑑定特徵，就是採用二里頭文化早期遺址出土的陶器進行描述的。

二里頭文化是以河南偃師二里頭遺址來命名的。這個文化遺存主要分佈在河南中西部及山西南部。其早期陶器主要特徵是：陶器以泥質和夾砂灰陶為主，有一些黑陶、棕灰陶，少量白陶和硬陶。成型技術普遍採用輪製，兼有手製和模製。器表多飾有畫紋、弦紋、繩紋、籃紋和附加堆紋，還有雲雷紋、旋渦紋、葉脈紋、圓圈紋、花瓣紋和人字紋等。平底器最多，也有圓底器。器形主要有鼎、罐、盉、觚、爵、豆、簋、缽、甕、鬲、缸、甑、杯等。炊器有罐形鼎和盆形鼎，罐有平底和圓形底兩種，盛器有圓深腹盆，飲食器有橢圓形口、前流後尾、細長腰、帶把手的三實足爵，還有斂口、深腹、平底、內壁畫有密集凹槽的盆形研磨器等。

夏代白陶器陶質堅硬細膩，胎壁較厚。器形有：鬹，口沿飾鋸齒狀花邊，把手上有鏤孔以及乳釘裝飾；盉，圓頂，折肩，管狀流，袋狀足；斝，敞口，細腰，帶狀把手，帶狀足。

二里頭文心　陶鬲

夏商時期夏家店下層文化　彩陶鬲

夏商時期夏家店下層文化　陶鬶

夏　陶鬲

二、商代陶瓷器

(一)商代陶器

　　商代建立於公元前17世紀，滅亡於公元前11世紀，共經歷約600年時間。商王朝統治中心主要在我國中原地區。商代陶器可以分為早、中、晚三個時期，以二里頭文化晚期、二里崗文化以及殷墟文化為代表。

1. 商代早期陶器

　　商代早期陶器可以河南偃師二里頭文化晚期為範例。商代早期隨著手工製陶業的發展，製陶工藝更加成熟，燒成溫度提高，品種較前增多，紋飾也有了變化。陶質除以砂質和泥質灰陶為主外，有少量黑陶、棕灰陶、紅陶，並有白陶和硬陶。陶器以輪製為主，兼有模製與手製。陶器表面多滿飾繩紋、弦紋以及附加堆紋等，有一些帶條狀的雙勾紋、雲雷紋等幾何圖案，也有少量刻畫的魚紋、夔（ㄎㄨㄟˊ，古代傳說中一種像龍的獨腳怪獸）紋和蟬紋等動物形象。器形有鬲、甗、罐、斝、爵、盉、豆、簋、缽、甕、大口尊等。炊

商　白陶壺

器鬲多為斂口，捲沿，深腹圓鼓，袋狀足；鬹為斂口，捲沿，深腹，細腰，袋狀足。飲器爵為敞口，前流後尾，細腰，帶把手，三袋足。食器簋為敞口，淺盤，圓底，高圈足。

2. 商代中期陶器

商代中期陶器以鄭州二里崗遺址出土的陶器為代表。陶質仍以砂質和泥質灰陶為主，有少量紅陶、黑皮陶以及白陶、硬陶。成型方法均為輪製，有一些輪模兼製和手製附件。陶器的腹部與底部絕大部分紋印較淺的繩紋，並有畫紋、附加堆紋和鏤刻紋。一些胎質細膩、製作精緻的器物腹部或頸部還飾有饕餮紋、夔紋、方格紋、雲雷紋、乳丁紋、火焰紋、人字紋、花瓣紋等圖案組成的帶條裝飾，其中以饕餮紋最為精美。

商代中期的陶器器形種類最多，有鬲、鬹、鼎、罐、爵、豆、盆、甕、大口尊、小口尊、斝、甑、壺、研磨器和器蓋等。陶器器形以捲沿為主，圓底器為多，袋足也不少，圈足則較少。炊器鬲數量最多，其形製為袋足加高足尖，有些鬲頸部飾圓圈紋。鬹為袋足下加高足尖。炊器斝也是袋足加高足尖。爵有前流後尾和前流後無尾兩種。食器豆有部分形狀似淺盤，高把柄內空，形成假腹，腹中部刻有對稱十字鏤孔。盛儲器大口尊的特徵為大敞口、圓底，最早見於商代中期。

3. 商代晚期陶器

商代晚期陶器以河南安陽殷墟為中心，分佈範圍比較廣，它是直接繼承二里崗文化陶器發展起來的。這時因有青銅器、原始瓷、白陶、硬陶等器物，灰陶器數量不多，工藝也很一般。陶器胎質以泥質和砂質灰陶為主，有少量紅陶、白陶和硬陶。成型以輪製為主，兼有模製和手製。表面拍印較淺的繩紋最普遍，並有一些畫紋、弦紋、附加堆紋以及刻畫的三角紋、人字紋、雲雷紋、方格紋等。圖案精美的紋飾比商代中期明顯減少。

商代晚期陶器種類有鬲、鬹、罐、爵、甗、簋、豆、甕、盆、大口尊、缸、斝、壺等。炊器鬲的數量最多，鬲襠變得十分低，而且袋足多不加實足根。鬹同鬲一樣，襠平而不加實足根，有的幾乎沒有實足根。飲器爵為敞口，有流無尾，淺腹，帶把手，圓底，三錐狀足。同時，爵、甗等一些過去常見的日用飲器形製變得很小，燒製溫度較低，已經演變成為明器。食器豆多為敞口，淺腹，圓底下加一個喇叭形圈足。盛儲器大口尊為大敞口，直腹或斜直腹，圓底。

白陶器在商代早期二里頭晚期遺址也有發現，器形有爵、斝、杯等。商代中期有白陶豆和罐等。到了商代晚期，白陶鼎盛行，製作精細，器表紋飾華麗。主要器形有壺、尊、卣（一ㄡˋ，盛酒的器具，口小腹大）、鼎、豆、盤、簋等。白陶器飾饕餮紋與夔紋尤多而精。幾何印紋硬陶器主要流行於長江以南地區和東南沿海地區。

商代印紋硬陶器數量也逐漸增多。硬陶主要器形有罐、尊、甕、釜等，胎色有紅褐色、紅色、黃褐色、紫褐色等。在紫褐色硬陶器表面，往往有一層類似薄釉的光澤。常見紋飾有雲雷紋、葉脈紋、人字紋、方格紋、曲折紋、回紋、繩紋等。

(二) 商代原始青瓷

商代除了有各類陶器外，已經出現了原始青瓷。瓷器是我國古代一項偉大發明，在其

商　原始青瓷尊

產生與發展過程中，也有著從低級到高級、從原始到成熟的漫長演變過程。處於原始階段的瓷器，稱作原始瓷。原始瓷器多為青瓷，所以一般也稱作原始青瓷。原始青瓷的出現時間應當是在商代中期，距今差不多有3500年。其從商代開始，經過西周、春秋、戰國、秦漢各代，至東漢時，原始青瓷才發展成為真正的成熟青瓷。

商代的原始青瓷比較原始、粗糙，釉色不穩定，呈黃綠色或青灰色，胎壁、釉層不均勻。其成型多用泥條盤築。原始青瓷的器形有尊、甕、罐、豆、缽、簋等。形制上雖然以圓底器為主，但有的器形又有多種形式，如豆有淺盤、卷沿、高柄、圓底豆，還有淺盤、圈足豆；尊除了圓底尊外，還有凹底尊、圈足尊；缽有敞口、圓底缽和斂口、淺腹、假圈足缽等，式樣各異。商代原始青瓷器表常拍印各種花紋，有籃紋、方格紋、「S」形紋、水波紋、鋸齒紋、人字紋、雲雷紋、網紋、弦紋等，線條都比較粗獷。

三、西周時期陶瓷器

(一)西周時期陶器

西周時期陶器仍以砂質和泥質灰陶最多，並有紅陶、黑陶。黑陶在西周後已不見。陶器成型採用輪製。器表大多滿飾繩紋，並有一些畫紋、篦紋、弦紋、三角紋、附加堆紋等，也有一部分用雲雷紋、回紋、曲折紋等圖案組成的條帶紋裝飾。

西周時期陶器的形製主要是袋狀足、圈足器和平底器。器形有鬲、甗、甕、盆、豆、簋、缽、罐、盤等。西周前期和後期陶器的一些器形也有變化。

在炊器中鬲的數量最多，其形制表現在襠和足的部分由高變為低。前期鬲的襠部較

西周　帶把陶壺

高，多呈圓弧形，也有一些夾角襠，足尖突出。後期襠部變低，夾角形不明顯，足尖消失，呈肥胖的矮袋狀足。有的陶鬲與同時期的銅鬲形製相同，帶有扉棱（器物上門板狀、凸起來的部分）的扁腹鬲，襠部近平，足為圓柱狀、平底。

甗的形制變化與鬲相似，襠部及袋狀足也是由高變低。食器豆在西周前期多為矮圈足以及高圈足帶十字鏤空紋，後期則為高柄喇叭形，把柄中部細腰處有一道凸棱。

簋的器形從前期的斂口折沿到後期變成敞口，到了西周末期簋逐漸消失。西周幾何印紋硬陶器在東南地區數量較多，以甕為主，胎質堅硬，器表多飾雲雷紋、人字紋、方格紋和席紋。

（二）西周時期原始青瓷

西周時期原始青瓷比商代原始青瓷質量有所提高。釉色主要有青綠、豆綠等。原始青瓷的器形也有所不同，從商代的圓底、內凹底變成大平底或者裝上外撇的圈足。主要器形有豆、甕、簋、罐、尊、盂、缽等。豆有敞口或斂口，淺盤，矮圈足；甕為斂口，低頸，

西周　原始青瓷瓶

深圓腹，平底；簋為敞口，深腹，圈足，有的帶雙耳；尊為敞口頸內收，深圓腹，圈足；盉為斂口，圓鼓腹，帶把手，流呈管狀，平底；缽為敞口，淺腹。西周原始青瓷的釉下花紋多為幾何形圖案，有方格紋、人字紋、鋸齒紋、弦紋、水波紋、「S」形紋、乳釘紋、曲折紋、席紋和雲雷紋等。線條要比商代的淺而且纖細。

四、春秋時期陶瓷器

（一）春秋時期陶器

春秋時期陶器仍是以夾砂灰陶和泥質灰陶為主，有少量夾砂紅陶、夾砂棕陶等。成型方法都是輪製，特大型厚胎陶器還是採用泥條盤築法。器物表面的紋飾比較簡單，主要是飾印粗繩紋，也有弦紋、畫紋、附加堆紋和暗紋。陶器種類以平底器和袋足器為主，兼有圈足器與喇叭形座。器形比西周時期減少，僅有鬲、釜、豆、盂、盤、甕、盆、罐等。陶器的形製隨著時間的推移，也有明顯的變化。

　　如炊器鬲的袋足由春秋時期的胖矮袋足到晚期象徵性的乳頭袋足，直至逐漸消失。食器豆早期的內外有折棱與折角，晚期發展到外弧內折，豆柄的喇叭形座則是由低變高。盛儲器的盆口沿由早期的折沿斜面發展到晚期的折沿圓弧面等。

　　春秋時期的陶明器有的是仿當時的日用器皿或是仿青銅禮器。這些陶明器多為素面，也有的飾以畫紋、弦紋、圓圈紋或暗紋，還有的施彩繪。彩繪陶多用紅、黃、白等色，繪出各種帶條紋的圖案紋飾。陶明器的品種有鬲、釜、鼎、罐、壺、盂等。春秋時期幾何印紋硬陶在南方地區很盛行，胎質以棕黃色為多，器表飾以方格紋、席紋、回紋等各種圖案，器形有甕、壇、瓿、釜等。

春秋　印紋硬陶罐

春秋　印紋硬陶罐

(二)春秋時期原始青瓷

春秋時期原始青瓷的質量又有明顯提高。特別是江浙一帶燒製的原始青瓷,胎質細膩,器形規整,胎壁厚薄均勻,釉色呈青綠、黃綠或灰綠色。主要器形有簋、鼎、罐、尊、碗、盂以及錞于、鐘等,其中錞于、鐘等是明器。錞于、鐘、鼎、簋、尊都摹仿青銅器,大小也與青銅器相似。

春秋　原始青瓷碗

春秋　原始青瓷尊

器形主要特徵有：罐多裝繩紋耳，筒腹或扁圓腹，平底；鼎為豎耳，淺腹，圓錐形足；簋為侈口，扁圓腹，圈足；尊為喇叭口，扁圓腹，高圈足或矮圈足；碗侈口，淺腹，假圈足。春秋時期原始青瓷的裝飾紋樣，仿青銅器飾堆刺紋、圓圈紋、貼附扉棱，也有方格紋、雲雷紋、水波紋、弦紋、編織籃紋等。器物上裝飾繩紋耳也比較多。蓋紐式樣除了繩紋紐外，還有「S」形紋紐和鳥紋紐等。

五、戰國時期陶瓷器

（一）戰國時期陶器

戰國時期陶器仍以砂質和泥質灰陶為多，有少量砂質紅陶與棕陶。戰國時期的日用陶器表面多為素面或磨光，有一些飾以繩紋或弦紋、畫紋、暗紋等裝飾。同時，日用陶器上出現刻印的文字，有的是地名，有些是窯場名或工匠名，這些陶文對於研究古代陶器有重要的價值。

戰國　印紋硬陶罐

戰國時期的陶器的種類有釜、甑、罐、壺、盆、缽、甕、豆、碗、杯等。其炊器主要是夾砂釜和甑。釜為半球形圓底，底部飾繩紋或麻布紋，口沿外折或捲沿，便於放在灶眼上使用。甑的形制如折腹盆，下腹斜收，可在釜口上牢固地放置。飲食器豆為高喇叭形把柄，適應當時席地而坐的飲食習慣。碗敞口，腹微鼓，平底，與現代碗形相似。盛貯器中的罐與甕，都做成小口、鼓腹、平底，容量大，口部便於加蓋或封閉。

戰國時期喪葬制度發生了變化，多使用陶禮器代替青銅禮器隨葬，用陶俑或木俑代替真人殉葬。當時的陶明器器表多為素面或磨光，也有的飾以弦紋、畫紋、繩紋等。其最盛行的裝飾是暗紋和彩繪。

暗紋的紋飾有多種，如帶條紋、斜方格紋、鋸齒紋、櫛齒紋、水波紋、「S」形紋和花瓣紋等。同時也有用線刻工藝的陽刻方法突出翎毛走獸的畫面。

彩繪陶器是在素面磨光的陶器表面用紅、白、黑、黃等色描繪出帶條紋、三角紋、旋渦紋、水波紋、方連紋、雲雷紋、柿蒂紋、龍鳳紋和蟠螭紋等。其中彩繪陶有兩種，一種是在陶器表面直接繪製，另一種先塗白或黃為底色，再描繪紅、黃、黑等顏色的紋飾。

戰國　帶把陶杯

戰國　彩繪鴨形陶壺

　　戰國時期各國所處的地域及風俗習慣不同，隨葬的陶明器形製也有較大的區別。比如陶壺，韓國的頸長，平底或加小圈足；秦國的多平底；楚國的體瘦長，圈足或假圈足都很高；燕國的圈足低矮，蓋上的紐豎起；趙國的蓋頂上常飾蓮花瓣；齊國的斂口，鼓腹或橢圓形腹，有的肩部裝活動環耳。

　　比如陶鼎，韓國、魏國的多斂口，足低胖，蓋圓鼓；而齊國的多直口，足高，蓋上有圓形紐；趙國的蓋與鼎身呈扁橢圓形，足低矮；楚國的腹直，足高呈半圓形，蓋上有方形花邊紐。又如豆，韓國、魏國的豆盤似敞口盆，喇叭座低矮，蓋上有喇叭形握手；楚國的多淺盤，高把柄下為小喇叭座；齊國的則多是半球狀盤，細高把柄下喇叭座，蓋上多有圓形紐。

　　戰國印紋硬陶的燒成溫度較高，胎體已經燒結，器皿敲擊時有金屬聲音。有的陶器表面還帶有一層薄薄的玻璃質樣透明體。陶胎的顏色常呈紫褐色和磚紅色。器表裝飾主要有米字紋、方格紋、回紋、麻布紋、櫛齒紋、圓珠紋和篦紋等。印紋硬陶的主要器形是罐、甕等類容器。

(二)戰國時期原始青瓷

　　戰國時期原始青瓷的胎質細膩緻密，燒成情況良好，加工以輪製拉坯成型方法為主，器形規整。釉色呈青色或青黃色，釉層有的不均勻，常常凝聚成芝麻點狀。廣東、廣西、湖南的一些地區，原始青瓷因胎土多為紫色、灰紅色，所以釉色除黃褐、黃綠色外，還有墨綠色等。

　　器形多為飲食器皿碗、盤、缽、盅、盂等，多採用直壁的圓筒形式，底部厚實，安放平穩。還有仿青銅器鼎、匜、鐘、盉、犧尊等原始青瓷，但裝飾不如青銅器那樣精細。戰國時期原始青瓷的表面紋飾不多，一些器物畫飾「Ｓ」形紋、櫛齒紋和水波紋等。

戰國　原始青瓷盉

戰國　原始青瓷尊

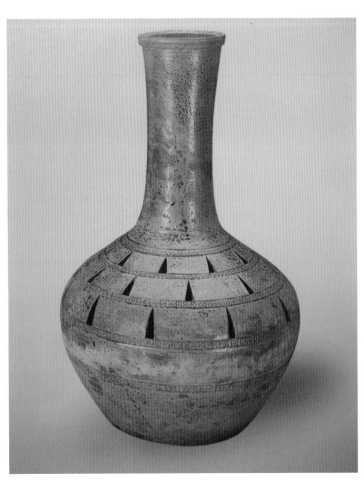

戰國　原始青瓷鏤孔瓶

第四章
秦漢時期陶瓷器的鑑定與欣賞

　　秦漢是我國陶瓷發展史上一個重要的變革時期，從西漢開始出現低溫鉛釉、以銅為著色劑的綠釉陶器到原始青瓷在東漢時期發展成為瓷器，都為我國陶瓷發展奠定了基礎。

一、秦漢時期陶器

（一）秦代陶器

　　秦的歷史只有30多年，時間很短暫。秦代的陶器主要出土於關中地區。秦代陶器主要分為日常使用的實用陶器、專為隨葬燒製的明器以及陶禮器。當時隨葬仿青銅禮器的組合陶器非常流行，也反映出墓主傳統的等級觀念。

　　陶器主要以泥質和砂質灰陶為多。形制有鼎、鈁（ㄈㄤ，盛酒器皿，方口大腹）、鬲、鉢、碗、甕、罐、瓶、壺等。其中有些造型與戰國時期的同類器物相似。繭形壺是秦代關中地區獨特的陶器壺式，小口，折沿，短頸，壺腹似橫臥繭狀，小圈足，器表多飾印繩紋、畫紋、弦紋以及彩繪。秦代時期的陶器和磚瓦上還有許多戳記的陶文，如「都昌」「左司」「右司」等，都屬於當時秦王朝中央直接控制的製陶作坊標記。秦代兵馬俑都用泥質灰陶製成，胎質細膩，燒成溫度高，質地堅硬。陶俑形體魁偉，製作時採用了模製與手塑相結合的方法，形象逼真，神態各異。

（二）漢代陶器

漢代陶器造型

　　漢代，隨著全國統一局面的出現，南北各地的日用陶器和隨葬陶明器的種類和形制大部分已經趨於相似。陶器以泥質灰陶為主，數量很多。由於不同品種的器物有不同的用途，所以質地上有精粗之別，燒成溫度及氧化還原氣氛也有差異。漢代的日用陶器器形有釜、甑、碗、杯、豆、鉢、罐、甕、壺等。器表裝飾有繩紋、弦紋和畫紋。漢代的隨葬陶器數量和品種之多也是罕見的。器物的種類有鼎、敦（ㄉㄨㄟ，盛黍稷的器具）、壺、

鐘、灶、釜、甑、豆、缽、杯、勺、罐、倉、盆、壇、案、甕等等。隨葬陶器中有很多是模仿商周青銅器以及漆器燒製的明器。

西漢前期人們的禮制觀念還普遍存在，隨葬陶器中仿青銅器的組合陶禮器盛行，比如多為鼎、敦、鈁、壺或鼎、敦、壺的組合。西漢後期的墓葬內除了一些陶禮器外，又出現了井、薰、爐、釜、甑、燈、盤等陶明器。東漢時期的隨葬陶器，以前盛行的傳統禮器如鼎、敦等逐漸減少直至消失，開始仿製當時流行的生活用品中的盒、案、耳杯、勺等實用器皿作為明器。再後來相繼出現樓閣、倉房、磨房、豬圈、廁所等模型，以及豬、羊、犬、鴨、雞等家畜家禽的塑像。

東漢　綠釉陶樓

東漢隨葬陶器

東漢時期喪葬制度更為世俗化，隨葬陶器種類和數量增多，還有大量的各式各樣的舞樂、百戲等人物陶俑陪葬。這些陶俑更加生活化，形象生動活潑，自然可親。如四川重慶出土的東漢說書俑、擊鼓俑、吹奏俑等，有的手舞足蹈、恣情任性，有的眉飛色舞、變形誇張，有的則憨厚質樸、溫和沉靜，均惟妙惟肖。漢代隨葬陶器表面多飾弦紋、畫紋、印紋、繩紋和彩繪，以及方格紋、連環紋、回紋、樹紋、三角紋，還有鋪首、熊形雕塑等。

漢　兵馬俑

漢代陶器種類

漢代陶器除素面灰陶外，還有鉛釉陶、彩繪陶、漆皮陶和硬陶等，其中大部分是隨葬明器。

鉛釉陶是漢代陶器工藝的傑出成就之一。鉛釉陶主要流行於黃河流域和北方地區。其器物表面施低溫鉛釉，釉色一般為黃褐色或綠色，內胎常呈磚紅色。黃褐色器物以氧

化鐵作為著色劑,早在西漢後期就出現了。綠色鉛釉陶使用稍晚,盛行於東漢時期。鉛釉陶由於陶質不夠堅硬,燒成溫度不高,釉層較疏鬆,器表常容易脫落變質。特別是以氧化銅為著色劑的低溫鉛綠釉陶器,在長期埋於地下後,釉質發生變化,器物表面泛一層銀白色金屬光澤,俗稱為「銀釉」。漢代創製的低溫鉛釉陶器為後來各種不同顏色的低溫鉛釉陶器開了先河。常見的鉛釉陶器種類有壺、罐、尊、鼎、鐘和倉、灶、井、樓閣、碉樓等模型以及雞、鴨、犬等動物雕塑明器。

彩繪陶是在燒成的器物上,用紅、赭、褐、綠、黃、白等顏色描繪出各種幾何圖案以及雲氣紋與走獸紋樣。

漆皮陶也是在灰陶器燒成後,再在其表面或裏面髹漆的。由於灰陶胎體比較疏鬆,在長期埋於地下被水浸泡後,彩繪和漆皮都很容易脫落。

印紋硬陶在南方地區一直流行,器形有甕、罐、壺、鼎、盒等。硬陶的燒成溫度較高,經常在表面飾一層薄薄的玻璃質釉,釉面光亮,無釉露胎處往往呈紅褐色。硬陶壺罐類器物頸肩部常刻飾水波紋以及附加堆紋。

西漢　灰陶加彩雲氣紋哭環耳壺

西漢　浮雕獸紋釉陶瓶

漢　刻花釉陶壺

西漢　陶匏壺

二、秦漢時期原始瓷器和東漢瓷器

商周以來出現的原始瓷器，在戰國時期曾因戰爭而一度中斷生產，到了戰國末年及秦代後才得以恢復。漢代原始瓷迅速發展，最終在東漢時期變為成熟的瓷器。

(一)秦漢時期原始瓷器

秦、西漢原始瓷器的胎與釉

秦漢時期原始瓷相當一部分胎料中氧化鋁、氧化鐵的含量都比較高。氧化鋁含量高，可以使胎體能經受高溫燒造，提高原始瓷器品質；但是窯爐溫度多達不到一定的程度，器物出現生燒現象，從而使胎體疏鬆、多氣孔、吸水率高。同時，胎料中氧化鐵含量較高，使胎色呈灰色或深灰色，燒成溫度較低，器物粗糙，品質比戰國原始瓷器差，有人稱之為「釉陶」。

秦漢原始瓷有少數胎質呈灰白色，原料中氧化鐵的含量偏低，燒成溫度較高，胎骨細膩堅硬，擊之有鏗鏘聲，質量遠比戰國原始瓷器好。秦漢時期原始瓷的釉層比戰國原始瓷

西漢　原始青瓷瓿

的厚，釉中氧化鐵含量較高，釉色也深，一般呈青綠色或者黃褐色。

　　東漢時期還生產一種醬色釉原始瓷，胎料中含鐵量比青綠釉原始瓷更高，胎色呈暗紅、紫或紫褐色，原料直接影響了釉色，使釉色呈現出紫褐色或黃褐色。

　　戰國的原始瓷器一般通體施釉，秦漢原始瓷施釉普遍採用刷釉，即在瓷器的口、肩部和內底等處刷釉。東漢早期施釉開始使用浸釉的方法，器物近底處無釉。

　　戰國原始瓷器製坯時採取拉坯成型後，用線將器底割開的辦法，因此在器底上常有近似同心圓的割線紋。秦漢原始瓷成型則普遍採用底和身分開製作，然後粘接成器的方法，器底沒有割線的痕跡。

秦、西漢原始瓷器的造型

　　秦至西漢初期原始瓷器以仿青銅禮器的鼎、盒、壺、瓿、鈁、鐘、敦和罐等常見。鼎有三個較高的獸蹄足，雙耳外弧，耳根突出，蓋面上有三個較高的紐，仰置時則以紐代足。盒則形似缽，底部有圈足，蓋似覆碗，也可作碗，一器兩用。壺為侈口，長頸，扁圓腹，高圈足，肩部多作半圓形的雙耳，耳面飾印人字紋或葉脈紋，也有作繩紋耳，上下耳根貼螺旋紋，肩部有刻弦紋與水波紋。瓿為直口，平脣，扁圓腹，下有三個扁矮足，肩部有對稱的獸頭形雙耳，耳的上端高於口沿，肩部常飾弦紋、水波紋、人字紋和箆點紋。

　　到西漢中期，敦已不見，鼎、盒減少，罐的比例增加。鼎為雙耳，直面短，腹部加深，三足明顯變矮，蓋紐縮小成乳釘狀，紐已不能當足用。盒則腹部加深，圈足和蓋頂的凸圈都消失。壺則口緣向喇叭形發展，頸部縮短，器腹變深，由前期的高圈足變成矮圈足

甚至平底，肩部飾半環形雙耳，有的是鋪首銜環。瓿的造型變為三足消失，雙耳降低，耳頂端低於器口，變成了大口、平唇、深腹、平底的大罐。

到了西漢晚期，原始瓷盒不見了，鼎也減少了，而罐、壺、瓿、鈁、盒、洗、盆、勺等日用器大量出現，並出現房屋、牲畜等模型明器。此時的鼎為矮小雙耳，蓋上無紐，足很矮甚至與底齊平。瓿的造型為斂口，平唇，圓球形腹，肩部的雙耳多作鋪首銜環，與漢代初期瓿的造型差異顯著。壺則變為喇叭形口，短頸，橢圓腹，平底，雙耳一般做成鋪首銜環狀，或者在耳上端堆貼「＄」形紋，肩部常常作三道凸弦紋，弦紋之間的肩部飾有水波紋、雲氣紋，並配以神獸、飛鳥。還流行蒜頭形小口、長頸、圓腹的蒜頭壺，小口束腰的匏壺等式樣。

東漢原始瓷器的造型與裝飾

到了東漢時期，原始瓷瓿、鈁、鼎等禮器消失，除了壺、罐等實用器的數量增加外，又出現了五連罐、盤、簋、薰爐、虎子和臼等。壺有喇叭口與盤口兩種，到東漢中期喇叭口壺消失，盤口壺盛行。盤口壺頸較高，球形腹，平底。罐多數為直口，短頸，肩部安有雙繫，上腹圓鼓，下腹斜收，平底，有的罐口做成內外雙口的泡菜罐口形狀。盤為直口斜壁，淺腹，大平底，常與耳杯相配。

五連罐在東漢中期以後流行，造型是在罐的口肩部附加四個壺形小罐，加上本身的罐口構成「五聯」。周圍的四個小罐的器腹不相通。在器物的肩部及上腹部經常堆貼有猴子和爬蟲等。東漢原始瓷的裝飾比較簡單，普遍在器物的口沿、肩部畫一道或者數道弦紋。特別是在罐、壺的腹部常常佈滿弦紋，稱為「弦紋罐」和「弦紋壺」。

紋樣出現最多的是水波紋，常在器物的口沿、腹部或者頸、肩部畫出紋理。還有比較普遍的裝飾是在器物的肩、腹部貼印鋪首。

(二) 東漢瓷器

瓷器是在原始瓷的基礎上一步一步走向成熟的。我國瓷器的成熟時間一般定為東漢晚期，這也是學術界專家的共識。東漢晚期出現的成熟瓷器，原料主要是瓷石或高嶺土，燒造溫度一般在1200～1300℃，胚體燒結堅硬，吸水率低，器物表面有一層釉，釉層比原始瓷明顯增厚，光澤度較強，胎釉結合緊密。這一時期的瓷器由於剛剛從原始瓷演進而來，因而在造型和裝飾等很多方面都不可避免地存在著與原始瓷的相似之處。

東漢瓷器的造型

東漢晚期瓷器的造型常見的有碗、盞、盤、缽、罐、耳杯、盤口壺、盆、鐘、洗、虎子、水盂、唾壺和五聯罐等。碗的造型形式有半球形碗和上腹微鼓、下腹內收碗，這兩種碗都是平底且微向內凹。盤多屬大件，與原始瓷盤器形相似，通常作耳杯的託盤使用。罐的種類相當豐富，其中四繫罐最常見。它的造型為直口圓唇，鼓腹平底，肩部凸起，肩腹處有等距離的四橫繫或六橫繫，繫孔扁小，不便繫繩，故繫下壁上往往有凹窩，繫兩端有手指按捺留下的壓痕。壺也多見，而且造型仍類似原始瓷壺，盤口較淺。盆為直口折唇，上腹較直，下腹內收，腹中部有明顯的折線。鐘有點像圓形壺，口徑較大，腹部稍扁，有

較高的圈足，腹部貼飾對稱的鋪首，模仿的是青銅鐘的形式。

東漢瓷器的分類

　　東漢晚期瓷器根據釉色分為青瓷器與黑釉瓷器兩種。

　　青瓷器的胎質較為細膩堅實，多灰白色，吸水率低，有一定的透光度。其釉層均勻透明，釉面淡雅而有光澤。黑釉瓷器胎土煉製不夠精細，胎骨大多很粗糙，有較多的氣孔，呈灰色或者深灰色。器物表面施一層透明發亮的綠褐色乃至黑色釉。一般上釉不到底，無釉處胎呈紫色。釉層厚薄不均勻，常有一條條蠟燭淚痕般的流釉斑痕，器物的低凹部分會聚集厚釉。薄釉處呈黃褐色或綠褐色，厚釉處則呈黑褐色或黑色。黑釉瓷器的器形也比較簡單，主要為罐、瓿等較大件的容器。

東漢瓷器的裝飾

　　東漢晚期瓷器的裝飾明顯受到原始瓷以及印紋硬陶的影響，尚未形成自己獨特的藝術風格。裝飾紋樣主要仍為弦紋、水波紋、貼印鋪首和獸頭足等。常在器物口部與肩部飾以弦紋，盤口壺或罐的腹部也密佈粗弦紋，與原始青瓷的裝飾手法毫無二致。洗的造型是底有三足，常裝飾成龍首、虎頭或熊形，並在腹部貼鋪首。在一些瓿、罐等類器物的外壁，常拍印麻布紋、窗欄紋、網紋、方格紋、杉葉紋等紋飾，也與印紋硬陶圖樣相差不多。

東漢　青釉麻布紋四繫罐

從三國兩晉到南北朝時期有360多年，這是我國歷史上大分裂、大動盪的時期，除西晉有過短暫的統一外，我國的北方和南方長期陷於割據和對峙的局面。

但這一時期，江南廣大地區戰亂較少，社會相對穩定，因此，南方的陶瓷業有了很大的發展和提高，而北方地區陶瓷業相對滯後。

一、三國兩晉南北朝時期陶器

在三國兩晉南北朝時期，由於瓷器製造技藝的成熟和不斷發展，人們在日常生活中廣泛使用瓷器，所以，陶器逐漸不再為人們所重視，退居到次要的地位，製陶業呈現衰退局面。陶器製品一般都很粗糙，不僅種類數量不多，而且質地鬆軟、質量低劣。

這一時期除了一些大件的實用器物外，一般都是作為陪葬使用的陶明器。在南方地區流行灰陶以及紅陶器物，在北方地區除了灰陶器外，還繼續流行鉛釉陶器。

南方地區陶器

在我國南方地區，這一時期墓葬中出土的陶器可分為日用陶器和隨葬陶明器。日用器皿數量不多，種類主要有罐、盤、碗、鉢、缸、耳杯、柄勺、硯、燈等。其中有些盤、碗和耳杯塗有朱砂或一層白粉，這無疑是當時隨葬的彩繪陶器。三國兩晉時期南方地區陶製明器大量流行，以穀物加工具、生活用具及各種家禽家畜模型為主。陶胎大多為紅色，外施極薄的棕黃色釉。陶明器中最常見的器形有杵、臼、舂、磨、穀礱、篩、掃帚、倉、灶、井、桶、缸以及犬、羊、豬、馬、牛、雞、鴨等。這些明器的形體一般比較小，但大都製作得玲瓏生動、真實自然。三國兩晉時期，在江南一部分地區出土了堆塑人物樓閣陶罐，也有人稱作堆塑穀倉罐，它與青瓷人物樓閣罐的風格大致相同。東晉以後，隨葬陶明器主要為車馬等，其他種類的明器逐漸衰落。在東晉時期的墓葬中，常發現一種陶製的辟邪的猛獸，其形狀似牛非牛，兇猛爭獰，可能是我國最早的隨葬鎮墓獸一類的陶俑明器。

北方地區陶器

三國兩晉時期北方製陶業一直很衰落，生產的陶器大多為粗糙的灰陶，燒製溫度不

高，器皿質量一般。有些陶器的器形種類受到南方青瓷造型的影響，如出現盤口壺、雙耳罐、四繫缸、果盒等新的形狀。漢代流行的鉛釉陶器，到了這一時期在北方地區燒造的數量很少，品質也不如漢代的水準。可以看出，從三國至東晉200年左右的時間，北方製陶業衰退不振，而南方地區的陶瓷業特別是瓷業的發展蓬勃興旺。到北魏建國以後，北方陶瓷業進入復興階段，低溫鉛釉陶器再度盛行，而且在漢代的基礎上有所改進，呈現出嶄新的面貌。

漢代的低溫鉛釉陶器多為單色釉，到北朝以後跨入了多色鉛釉陶器的時代，有的是黃地上加綠彩，有的是白地上加綠彩，還有的是黃、綠、褐三彩同時運用。北朝的多色鉛釉陶器為後來唐代燦爛輝煌的「唐三彩」陶器打下了堅實的基礎。

鉛釉陶器常見的器形有高足盤、雞首壺、蓮花罐、碗、杯、瓶、盒和燈等。紋飾多為蓮花紋、蓮瓣紋、圈草紋等，並採用畫紋、貼印、堆塑和彩繪等方法。北朝鉛釉陶器中最有代表性的是北齊范粹墓出土的黃釉杏仁形扁壺。該扁壺由模製成型，上窄下寬，立面略呈杏仁狀，短頸，直口，頸肩之間有聯珠紋一周，肩部凸起兩小繫為穿繩索用。最值得關注的是扁壺兩面模印著樂舞胡人浮雕，呈現一幅富有生活情趣的西域樂舞畫面。北朝的低溫鉛釉陶進入興盛發達時期，標誌著我國北方地區製陶業已提高到了一個新的水準。

陶塑藝術水準

陶器門類中的陶塑藝術，在秦漢時代無論是思想性和藝術性，還是製陶水準方面，都達到了我國陶瓷史上的一個高峰。三國兩晉時期的陶塑藝術水準都不高，製作一般較為粗糙。到了北朝北魏時期，陶塑造像在繼承秦漢藝術傳統的基礎上，又吸收了外來佛教文化

北魏　陶騎馬武士俑

的特點，開始有了顯著的進步和發展，塑像的形式也逐漸豐富起來，並流行燒製低溫鉛釉陶俑，如文吏俑、武士俑、甲騎武士俑，以及男侍俑、女侍俑、伎樂俑、儀仗俑、馬俑、駱駝俑等，還有鎮墓獸俑，等等，這時的人物陶俑的形象都較為清瘦秀氣，給人一種幹練有力的印象。

二、三國兩晉南北朝時期瓷器

三國兩晉南北朝時期，江南地區戰亂較少，經濟發展比較迅速，東漢晚期成熟的瓷器，此時在南方瓷窯出現很多，尤其以浙江地區為代表，普遍燒造青瓷，有些瓷窯兼燒黑釉瓷器。這一時期的窯口主要有越窯、甌窯、婺州窯、德清窯以及江西地區洪州窯等。

（一）越窯瓷器

越窯青瓷

越窯青瓷自東漢創燒以來，經過三國兩晉到南朝，獲得了長足的發展。越窯青瓷的成型方式主要是輪製拉坯，兼用拍、印、鏤孔、雕塑和模製等各種技法。三國時期的越窯瓷

三國　越窯青釉兔形硯滴

器胎質堅實細膩，呈淡灰色，有的燒製溫度不足，胎質較鬆，呈淡土黃色。此時燒製技術已經提高，釉色以淡青色居多，黃釉或青黃釉少見。

　　三國時青瓷的紋飾比較簡樸，有弦紋、水波紋、鋪首和耳面印葉脈紋等。後來出現斜方格網紋，穀倉罐堆塑人物、飛鳥、樓閣、走獸和佛像等裝飾，到了西晉還一直盛行。此時的器物有碗、碟、罐、壺、洗、盆、鉢、耳杯、果盒、香爐、唾壺、虎子、水盂等實用瓷器，還有隨葬用品火盆、鬼灶、狗圈、穀倉、碓、磨、米篩等明器。

　　西晉時越窯青瓷胎體比以前稍厚，胎色較深，呈深灰色或灰色。釉層厚而均勻，多呈青灰色。器形種類大大增加，除以前已有的器物造型外，還常見雞首壺、獅形燭臺、扁

西晉　青瓷騎獸器

壺、盤口壺、尊等。此時器形流行做成動物形狀，或者用動物紋樣裝飾。器物常配以鋪
首、弦紋、斜方格網紋、聯珠紋或忍冬、飛禽走獸、佛像組成的花紋帶，以及刻畫生動的
熊形、龍頭和虎首裝飾的器足。

東晉時期越窯青瓷注重實用，造型簡單，紋飾單調，數量減少。常見的產品有罐、
壺、盞、盤、碗、洗、燈、唾壺、虎子和羊形燭臺等。裝飾以弦紋為多，有少量的水波紋
以及蓮瓣紋，動物形象銳減，羊形燭臺、水盂和尊的腹部堆塑青蛙等，羊、蛙的造型消瘦
無神。

西晉　越窯青釉堆塑罐

西晉　越窰青釉盞

東晉　越窰青釉彩水盂

東晉　越窯青瓷羊

越窯瓷器裝飾方法

褐彩是東晉時期青瓷廣泛採用的裝飾方法，在已施釉的器物口沿或肩部、腹部點彩。因一般在釉面之上著彩，故稱「釉上彩」。而最早的釉下褐彩是南京市博物館收藏的一件三國時期的青釉羽人紋盤口壺，胎體先繪褐彩紋飾，後罩青黃色釉，開創了青瓷釉下彩的先河。

南朝越窯多數胎質緻密，呈灰色，通體施青釉；少數胎質疏鬆，呈土黃色，外施青黃釉或黃釉。產品種類也減少了，羊形燭臺、耳杯等消失，常見碗、盤、盞、壺、罐、雞首壺、唾壺和虎子等日用器皿。裝飾主要是刻畫的蓮瓣紋以及褐色點彩。

越窯器形變化特徵

六朝時期越窯器形變化特徵總體來說，前期器形矮胖端莊，東晉開始逐漸向清瘦秀麗方向發展。

例如盤口壺，三國時期的口和底都比較小，壺頸粗短，扁圓腹，上腹特別大；東晉以後盤口加大，頸增高，腹部圓形或橢圓形；南朝時盤口更大，頸加長，溜肩，腹更深，底部放大。

三國時期碗的造型是口大底小，腹淺；西晉時期則上腹近似筆直，下腹向內斜收，平

底內凹；東晉時期腹部加深，底放大，有平底和假圈足兩種；南朝時變為直口，腹壁向內弧收，假圈足較高。

　　唾壺的器形在三國西晉時期上部為喇叭形，圓球腹，高圈足外撇，腹部飾有對稱的鋪首銜環，是仿商周青銅器尊的樣子；東晉時喇叭口變成盤口，短頸，扁圓腹，平底；到了南朝時腹部更高，有平底與假圈足兩種。

　　虎子是衛生用具，三國時期虎身為圓筒形，口部不見虎頭裝飾，提樑雕塑成行虎狀，腹下有四隻臥蹄足；兩晉時口部堆貼虎口裝飾，並作45°上仰，腰部收小，兩側刻飛翼，腿部鼓出，四足蹲伏，稱為蠶繭形虎子。此時又出現一種圓球形腹、無足平底、沒有虎形裝飾的虎子。東晉、南朝時期圓形虎子盛行，虎形虎子少見。南朝墓中有的虎子器形很小，不是實用器皿而是明器。

　　三國西晉時果盒多做成方形，盒上部分成九格，一格大八格小，底部方圈足淺矮，外撇做成抄手線；東晉時多變成圓形，盒分內圈三格、外圈七格，常加盒蓋；南朝以後形制簡單，一般內圈三格、外圈四格。

南朝　越窰青釉雞首壺

　　水盂在三國西晉時期的造型優美，做成蛙形，背部有灌水的圓筒形小口，腹部扁鼓，有蛙口狀出水小孔；東晉時下腹向內收斂，假圈足較高，堆貼的蛙頭和蛙足僵硬呆板，形態大不如前。西晉時還有一種水盂的造型，口部有四繫，腹部以上滿飾拍印斜方格紋，下附短圈足，蓋紐為一對撲翅雛鳥，其形狀天真可愛。

　　堆塑穀倉罐是三國西晉時期常見的一種產品，它由漢代的五聯罐演變而來。造型複雜生動，佈局嚴謹，製作十分精緻。腹部為深腹罐形，罐上堆塑亭臺樓閣、各式人物及飛鳥、走獸等。

　　罐是使用最普遍的日用器，三國西晉時多直口、鼓腹、小底，肩部往往飾印網紋，並有二繫、四繫之分，口徑與底徑略等，西晉時也出現過兩繫併攏的變化；東晉南朝時期變高，肩部多為橋形繫，南朝時肩部還常飾蓮瓣紋。

　　燭臺在三國時期多為羊形燭臺，到了西晉盛行獅形燭臺，羊形或獅形燭臺的成型方法多為模製。

　　燻爐又名香薰，三國時多為斂口扁圓腹的罐形或盆形，安裝雙耳或提樑，底部有圈足或三矮足；西晉時爐體為圓球形，鏤刻三角孔，頂部有一展翅欲飛的鳥形紐，爐底和承盤

西晉　越窯青釉雞首壺

下均裝三隻獸足；東晉時口作管狀，爐身球形，下置豆形承盤；南朝時爐身作缽狀，獸蹄形三足略向外撇，下承平底淺盤。

　　扁壺是西晉青瓷的一種壺式，小口，扁腹，圈足外撇，肩部、腹下兩側各有兩繫，器上常飾有圈帶紋和鋪首。

　　盞托是由耳杯和託盤發展而來的，西晉時是在矩形盤中放兩個耳杯；東晉時在平底盤中置放一杯，盤有的內底心下凹，有的凸起形成圓形托圈，同時耳杯也變成直口深腹假圈足盞。盞托形製在東晉時有出現。

三國・吳　青釉尊

（二）甌窯瓷器

　　甌窯在商周時期開始生產原始瓷，東漢末年燒製青瓷。瓷器胎色較白，白中略帶灰色，釉色淡青，透明度較高。三國西晉時期甌窯部分胎體燒結不完全，胎與釉結合欠佳，常有剝釉出現。釉色呈淡青色，也有青黃色和青綠色。東晉時胎質細膩，釉層厚而均勻，胎與釉結合比較牢固，釉色多數呈淡青色。南朝時期釉色普遍泛黃，開冰裂紋，容易脫落。甌窯青瓷的品種和造型有許多與越窯相同，但也有一些器物形制呈現自己獨特的風格，比如牛形燈燈柱作直立牛形，五聯罐上肩部五個小罐齊平，束腰罐肩部安裝三個乳凸

紋等。甌窯裝飾紋樣簡單，常見有弦紋、蓮花瓣紋、水波紋和褐彩。

褐彩又有兩種，一種是常見的褐色點彩，另一種是在器物上用彩料繪長條形。後一種褐彩裝飾工藝，是甌窯獨有的。

南朝　甌窰青釉罌

（三）婺州窯瓷器

婺州窯創燒於東漢時期。三國兩晉時期是其發展期。婺州窯以燒青瓷為主，兼燒黑釉瓷器。三國時期的青瓷，胎質比較粗鬆，呈淺灰色，胎體沒有燒結完成。釉層厚薄不均，常常凝結成芝麻點狀。釉色多呈淡青色，也有青灰或青黃色。裂紋密佈，在胎釉結合不緊和釉面開裂處，有奶黃色結晶體析出，這是婺州窯青瓷特有的一種現象，而且一直保持到唐代。

西晉晚期以後，用粉砂岩黏土做原料燒成後的胎呈深紫色，影響青釉的顏色，所以在胎表塗一層白色化妝土襯托，釉層才顯得滋潤柔和，釉色呈青灰或青黃色。婺州窯器物的

種類主要有盤口壺、罐、盆、碗、碟、水盂、虎子、唾壺和筆筒等，還有一些如豬圈、雞籠、鐎（ㄐㄧㄠ）斗（古代溫器）、穀倉、水井等明器。東晉以後明器少見。南朝出現盞托。婺州窯早期產品與甌、越兩窯產品有很多相似之出。

三國　婺州窯青釉堆塑罐

（四）德清窯瓷器

　　德清窯的歷史可以上溯到商代。六朝時期德清窯是黑瓷和青瓷兼燒的瓷窯，以生產黑瓷為主要特色。黑瓷的胎多呈磚紅色、紫色或淺褐色，釉層較厚，釉面滋潤。青瓷胎呈或深或淺的灰色，也有少數呈紫色。由於胎色較深，也採用白色化妝土做底襯，釉色呈現青綠、豆青或青黃色，釉層均勻光滑。

　　德清窯的器物造型簡樸而實用，器物種類有碗、碟、鉢、罐、桶、盒、熏爐、盤口壺、唾壺、杯、盤、盞托和雞首壺等。其雞首壺前有並列的雙雞頭，後有雙股泥條做成的龍頭柄，樣式比較新穎。盤口壺、雞首壺都配有蓋。裝飾上常見的有弦紋或褐色點彩，也出現用褐彩書寫文字。

東晉　德清窯黑釉雞首壺

(五)江西地區洪州窯瓷器

　　江西地區洪州窯在三國時期燒製的瓷器，胎質細膩，呈灰白色。釉色有豆青、醬褐或黃綠，常有流釉，有時呈蠟淚狀。器物種類有壺、罐、鉢、盂、碟、虎子等。造型具有地方特徵，如盤口壺口徑更小，腹部圓鼓肥胖；虎子的虎身為圓腹，平底，背部有虎形提樑，這種圓形虎子與同時期的越窯蠶繭形虎子很不相同。器物的肩部是菱紋或網紋帶，有的罐壺腰部飾麻布紋。

　　兩晉時期比較突出的器形有鳥首壺，它是在雙繫圓腹平底罐的肩部前裝鳥首形的流，後貼扁方的鳥尾，並在口、肩部飾褐彩。另有獅形燭臺，其獅為縮頸屈足作蹲伏狀，身上

不畫雙翼羽毛。西晉常見的紋飾有方格紋、網紋、雲氣紋、聯珠紋和鋪首等，東晉時期則用褐色點彩和絃紋。到了南朝時又有新創製的產品，如瓶、灶盤、盞托、五盅盤、四管插器等。江西地區的六朝瓷器胎骨較厚，呈灰白色。釉以米黃色為主，也有少數呈豆青或青黃色。普遍開冰裂紋，脫釉現象較多。

　　三國兩晉南北朝時期，我國北方地區黃河流域戰亂頻繁，社會經濟遭受嚴重破壞，瓷器發展較慢。直到北魏時期，在南方瓷器生產工藝的影響下，才燒製成功青瓷，以後又燒製成功黑瓷和白瓷。北朝的青瓷胎質厚重，粗細不一，有的潔白細膩，有的粗糙多孔。胎色有白、灰、土黃和紅色等多種，並有黑點。部分器物施白色化妝土裝飾。釉色呈青、青灰、青黃等，也有的釉層很透明。器物開冰裂紋較多，並有流釉和脫釉現象。北朝瓷器器形的種類有碗、杯、盞托、雞首壺、盤口壺、扁壺、盆、罐、盒、燈、燭臺、唾壺和虎子等，都屬於日常實用器物，很少出現陳設品和明器。

　　裝飾方面，不論是青瓷、白瓷還是黑釉瓷器，大多為素面，僅有少數器物飾有弦紋、蓮瓣紋、聯珠紋、忍冬紋，以及雕塑、堆貼、刻畫等。

　　器物形制多為餅形足和平底。比較有特色的器物有北朝晚期出現的覆蓮罐、長頸瓶、高足盤以及蓮花尊等。覆蓮罐多為直口，短頸，橢圓腹，平底或餅形足，肩部安裝四繫或六繫，上腹部雕塑豐滿覆蓮瓣，瓣尖微捲，器形端莊優美。北朝的黑釉瓷器胎質粗糙，呈土黃、磚紅或灰色，釉色以黑褐色和醬色為主。白瓷發現很少，胎質基本上比較細膩潔白，器表施乳白釉，釉色白中泛黃或微泛青，這也是我國最早的白瓷。

南朝　洪州窯青釉唾壺

第六章

隋唐五代時期陶瓷器
的鑑定與欣賞

一、隋代瓷器及主要窯場

(一)隋代瓷器

隋代,我國歷史上又一次進入全國統一的時期。雖然隋代從建國到滅亡只有37年,但是當時南北政治的統一,促進了南北瓷業飛躍性的發展,為後來唐代瓷業的迅速提高與鞏固準備了條件。隋代瓷器主要有青瓷與白瓷兩種,以青瓷為主。現在已發現的隋代窯址絕大部分都是燒青瓷的。白瓷僅在隋代墓葬中有所發現。

隋代瓷器的胎與釉

隋代青瓷器一般胎體厚重,胎質較粗,灰白色較多。釉為青色,也有青中泛黃和黃褐等幾種顏色。釉層一般都較厚,有流釉現象,釉面多有細碎小開片,胎與釉結合不緊,常有脫釉現象。器裏滿釉,器外施釉僅及腹下。積釉處往往有紅、藍、綠、紫等窯變效果。

隋代瓷器的造型

隋代瓷器中,壺類一般為盤形口,可分為帶流的雞首壺與無流的盤口壺。

隋　白釉雞首壺

雞首壺比南朝的更加瘦長，壺口更高，頸部變細，柄則仍然保留南朝時的龍柄形狀，比較突出的變化是足部微向外撇。盤口壺變得通體瘦長，盤口更高而外撇，頸長而直，腹部由以前的圓形變為橢圓形，繫的形式多為條狀且粗大。罐類一般為直口無頸，北方地區罐類身似橢圓形，腹中部常凸起弦紋一道，肩部以四繫耳居多；南方地區罐身瘦長，肩部豐滿，脛部內收，底足外撇，肩部貼附六繫或八繫。瓶類器物均為盤形口，頸部細長，南朝的瓶腹徑闊大，略呈橢圓形，而北朝的瓶最大的腹徑則在近底處。

高足盤的造型特徵是淺盤，口沿微外撇，盤心常有陰圈線紋，沿線紋留有三、五、七個不等的支燒痕跡，下承以喇叭狀空心高圈足。這種高足盤是隋代瓷器中最典型的一種器物。杯、碗類器物，器身一般都較深，口部內收，足部較小，平底微內凹。

隋代瓷器的裝飾工藝

隋代瓷器的裝飾工藝常見的有三種：一是印花，用印模在胎上壓印出花紋，再施釉燒製；二是畫花，用尖利的工具刻畫出各種花紋；三是貼花，將模塑淺雕的圖案紋飾用泥漿黏附在器物胎面。其裝飾手法以印花、畫花最為常見，貼花比較少見。此時常用的花紋裝飾除沿襲南北朝時期盛行的蓮瓣紋外，還有草葉紋、朵花紋、幾何紋、捲葉紋、波浪紋等。隋代瓷器瓶、罐類的肩腹部，一般以朵花、捲葉紋組成帶狀紋樣。盤碗器常以朵花、捲葉紋組成的圓形圖案裝飾於中心，因器物口徑的大小又可分為幾層裝飾。在佈局上巧妙地採用了穿插、替換法組成各種新的紋樣，顯得既整齊又生動活潑。

隋代白瓷

隋代白瓷在北朝白瓷的基礎上進一步發展提高，燒製技術達到成熟。隋代墓葬出土的白瓷，胎質潔白，釉面光潤，胎釉已經完全看不到白中泛青或白中泛黃的痕跡，是真正的白瓷。隋代的白瓷器物有罐、壺、瓶、三足爐、燭臺、碗、缽以及瓷俑等，其中以白瓷龍柄雙連瓶和白瓷龍柄雞首壺最為精美。

隋　白釉多足硯

隋　白釉雙龍柄聯腹傳瓶

隋　白釉高足杯

（二）隋代主要窯場

隋代比較重要的瓷窯有以下幾處：

1. 河北邢窯

邢窯是我國古代生產白瓷最早的窯場之一，它始燒於北朝晚期，經隋代、唐代至五代、宋、元，代代傳承，源遠流長。窯址的範圍跨州連郡，包括內丘、臨城、邢臺等，有一個龐大的窯區。其產品也是經歷了一個由單一向多品種發展的過程。北朝時期只生產一些青釉或白釉碗、杯類產品，到了隋代，邢窯品種開始豐富，不僅燒青瓷、白瓷等單色釉瓷，而且開始生產彩瓷和裝飾瓷，此時已使用化妝土裝飾胎體。主要器形有碗、杯、盤、盂、壺、多足硯等。

但隋代邢窯最突出的成就是生產出薄胎的精細白瓷，其透明度很高，有些可達到半脫胎的程度，被稱為透影白瓷或透光白瓷。此類白瓷胎壁有的厚度不足1毫米。另外還有一些低溫印花產品，有的還施綠彩，二次燒成。隋代邢窯燒製的一種黃釉印花雙繫扁壺，造型莊重大方，紋飾佈局和表現樂舞場景的畫面都達到了較高水準。

2. 河南安陽窯

安陽窯是我國北方發現的隋代青瓷窯中規模最大的一處。安陽窯瓷器一般胎壁較厚，胎色多灰白，胎質較為細膩。器裏器外均施釉，器外施釉不到底。釉的光澤較強，透過釉層可以看見胎面。釉色有青中帶黃、青中帶綠以及青灰、青褐等色。施釉一般較薄，均勻穩定，流釉現象較少，釉面有開片。器物底部因疊加燒製，都有支燒痕。

安陽窯瓷器紋飾以蓮瓣紋居多，常見於器蓋的頂部、碗心的中央、瓶的肩部和器座的表面，此外還有忍冬紋、草葉紋、三角紋和水波紋等。器物有碗、高足盤、四繫罐、缽、杯、瓶、硯以及瓷塑和各種明器等。

3. 湖南湘陰窯

湘陰窯是湖南燒瓷歷史較長的一個瓷窯，也是唐代岳州窯的所在地。目前已發現有漢、三國、兩晉、南朝、隋、唐、五代直至明代的多處窯址。隋代為湘陰窯大發展時期，瓷器釉色以青色為

隋　湘陰窯四繫印花盤口壺

隋　淮南窯青釉戳印花四繫盤口壺

隋　淮南窯青釉蓮瓣紋四繫盤口壺

主，還有黃、褐、醬色等。胎壁較厚，胎色有灰白、青灰等。器物局部釉色因窯變而呈藍色或紫色。一般青釉釉層透明度高，釉面有開片現象。器物均施半釉，流釉現象不明顯。燒製的器形有碗、盤、缽、高足盤、四繫罐、盤口壺、燈、多足硯和瓶等。

湘陰窯器物很注重裝飾，紋飾以印花為主，有朵花紋、草葉紋、幾何紋以及直線紋等，還採用一些畫花蓮瓣紋作裝飾。

4. 安徽淮南窯

淮南窯也是唐代壽州窯的所在地。淮南窯的瓷器胎質一般比較堅硬、細膩，胎多為灰白色，也有一些是青灰色或者黃白色。胎體較厚，胎泥沒有經過淘洗，留有細小沙粒，胎層中有氣孔和鐵色斑點。釉為透明青釉，光澤很好。釉色青中帶綠或是青中帶黃。釉層厚薄不均，一般器物施釉到腹部近底。釉面常有小開片紋，積釉處產生紫翠色的窯變。

淮南窯燒製的器物有壺、瓶、罐、碗、盞、高足盤等。裝飾方法有印花、畫花、貼花三種，大多裝飾在瓶和罐的上面。

5. 江西豐城窯

豐城窯也是唐代洪州窯的所在地，從東漢晚期開始，歷經三國、兩晉、南朝，興盛於隋代，衰落於五代。豐城窯瓷器胎質比較粗糙，因此器物大多塗一層白色化妝土，再施透明狀青釉燒製。釉色有青綠、黃褐、醬紫等，釉層開細小紋片，有流釉現象。

豐城窯器物造型有盤、盞托、

碗、硯、高足盤、高足杯、唾壺、粉盒等。裝飾方法有施褐彩、刻畫紋、印花、模印、捏塑等多種，常見的紋樣有蓮瓣紋、蓮實紋、水波紋、篦紋、弦紋以及薔薇花、梅花、寶相花等。

6. 山東曲阜窯

曲阜窯屬北朝至唐代瓷窯，已發現窯址多處。隋代主要產品有青釉碗、盞、杯、盤口壺、盤、高足盤、瓶、罐、枕、硯等。碗、盤多為餅形實足。

硯飾龍紋，並有模印獅首人身力士形足的。器物裝飾刻畫花或貼花，多飾於盤心或罐的肩部。胎色有灰、灰白和白色。釉多為青綠、淡青或青黃色，釉面潤澤，玻璃質感強，器外多施半釉。盤、碗裏心多留有三個支燒痕。

二、唐代瓷器及主要窯場

（一）唐代瓷器

唐代在我國歷史上存在的時期長達289年，建立了當時世界上政治經濟最強盛、最發達，文化也最繁榮的王朝。瓷器業獲得極大的發展，形成了以浙江越窯為代表的青瓷和以河北邢窯為代表的白瓷兩大瓷窯系統，開創了「南青北白」的局面。

唐代陶瓷器的種類和造型多樣而且新穎，製作也精細，出現了新工藝、新方法，燒成了釉下彩、花釉、絞胎瓷器等，並使用了匣缽燒製技術，唐三彩盛行，這些都充分體現了唐代陶瓷的成就和水準。

唐代瓷器的造型

在唐代，瓷製的茶具、餐具、酒具、文具、玩具、樂器以及實用的瓶、壺、罐、碗、盤、枕等各種器皿，幾乎應有盡有。雞首壺在唐代已逐漸消失，取而代之的是一種酒具或茶具，名為執壺，也稱注子，其壺身一般作橢圓形或瓜形，壺口多為喇叭口，流短，呈多棱形或圓柱形，壺柄也由以前的龍柄變為曲柄。與執壺配套的是酒杯，唐代的酒杯有高足杯、圈足直筒杯、帶柄小杯、曲腹圈足小杯等，其中一些酒杯的形制是直接仿效金銀器的模樣燒造的。一直流行的四繫罐在唐代中晚期較少見，大量興起一種蓋頂有寶珠形鈕、廣口外捲、無頸、腹部豐滿、無繫耳、平底的罐，這種罐在北方地區更加普遍，唐三彩中也常見。

高足盤的造型由隋代的喇叭狀高圈足變為圈足或者矮三足。碗在唐初足部仍為平底；中期出現敞口外撇，玉璧形底足，稱為「玉璧底」；唐代晚期玉璧形底變窄，成為寬圈足。瓷枕在隋代已經出現，唐代瓷枕一般為長方形或橢圓形的小枕，常見的有黃釉、黑釉、三彩陶枕等。唐代瓷硯多為圓形，硯面更為凸起，並向多足和鏤空圈足發展。

唐代瓷器的裝飾工藝

唐代陶瓷的裝飾工藝成就也很顯著。唐代北方的白瓷基本上是簡單的刻畫花或素面無紋飾；南方的越窯青瓷器有少數採用刻花、畫花、印花和雕塑等裝飾手法。模印貼花裝飾

唐　白瓷茶具一套

唐　白釉臥兔枕

唐　白釉帶座立象

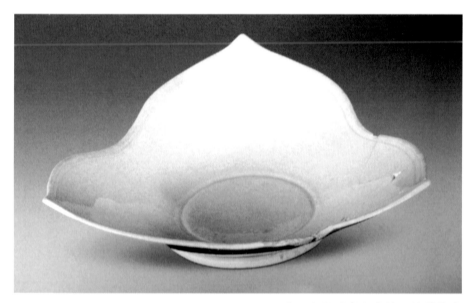

唐　白釉「官」字款三瓣蓮花碟

在長沙窯進一步發展，將紋樣貼附在器物外壁，施以褐色彩斑，然後再在褐彩之上罩青釉，形成了「釉下彩」的效果。釉下彩工藝的採用，為後來青花、釉裏紅瓷器的誕生創造了條件。

唐代花釉瓷

　　花釉瓷也是唐代陶瓷工藝成就之一。在河南郟縣、魯山等地區的瓷窯中燒製了一種黑釉或褐釉帶天藍、乳白及褐綠色彩斑的瓷器，器形主要有壺、罐、拍鼓等。在陝西、河南

一帶，唐代還出現了生產絞胎瓷器的新工藝，即以白、褐兩種色調的瓷土相間地揉合在一起，拉坯成型後，器物胎上具有白、褐相間的類似木紋的紋理，再施釉燒造即成絞胎瓷器。這類瓷器主要有小件的碗、盤、杯、枕等。

（二）唐代主要窯場

唐代主要的瓷窯有以下幾處：

1. 河北邢窯

邢窯在唐代已進入鼎盛階段，成為著名的燒製白瓷的窯場。邢窯瓷器的主要特徵是「白如雪」，胎土白而細潔，胎骨堅實、緻密、厚重，瓷化程度高，叩之作金石聲。釉色白潤，但不甚亮，微泛黃或閃青，還有帶乳白色的，釉厚處呈淺水綠色。釉面很少開片，但時有淚痕。器物大都內外施釉，器內滿釉，外部施釉不到底。

邢窯白瓷分細瓷與粗瓷，粗瓷多施化妝土。邢窯除了燒製白瓷外，還燒黑釉、綠釉、褐黃釉、白地綠彩、唐三彩和白陶等品種。

主要器形有海棠碗、盤、托子、皮囊壺、注子、瓶、罐、豆、缽、盂、盒、洗、爐、人形燈、瓷塑和建築構建等。其碗的造型特點是圈足厚而底平，有的足底外緣切削斜棱一道，大多淺式敞口，口沿往往凸起一道唇邊，有的玉璧型碗底中心刻畫一個「盈」字。帶「盈」字款主要器形還有盤、罐、洗、執壺、盞托、粉盒、瓷枕等。另外還有少量刻有「大盈」「翰林」「官」字款的瓷器。邢窯瓷器風格樸素，紋飾少見。

唐　白釉「盈」字款花口盤

唐　白釉龍柄執壺

唐　白釉墨遙牛車

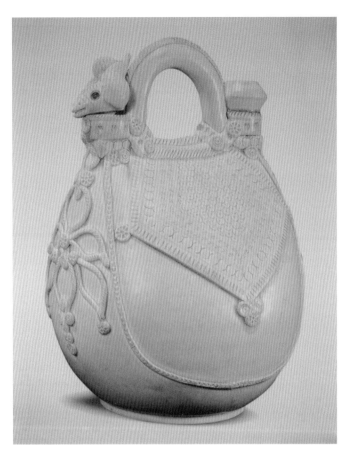

唐　白釉鳳首皮囊壺

唐　白釉鵝形三足爐

唐　白釉堆花高足鉢

唐　白釉碑雛硯

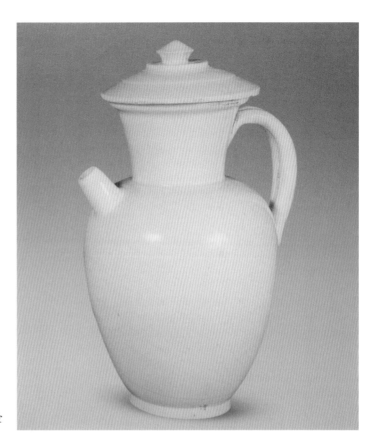

唐　白釉帶蓋執壺

唐　藍釉獅子

唐 鞏縣窯絞胎枕

2. 河南鞏縣窯

鞏縣窯是唐代重要窯場，也以燒
白瓷為主，另有黑釉、裏白外黑釉、
茶葉末釉和絞胎、絞釉等裝飾品種。
還兼燒三彩器以及黃、綠、藍等單色
釉陶器。三彩器主要有鳳頭壺、龍柄
壺、兔形枕等。單彩及單色釉器中特
別值得一提的是我國最早的鈷藍彩的
運用。鞏縣窯的瓷胎比較細膩，胎色
有白色與灰白色等。釉的顏色有純
白、白中閃青或白中泛黃。器物內外
均施釉，器裏滿釉，器外有的施釉不
到底。碗底中心多不施釉，花口窄圈
足盤底中心施釉，釉面均有細小開
片。鞏縣窯的白瓷也可分為精粗兩
種，精細白瓷碗、盤均用匣缽裝燒，
因此釉色比較純淨；較粗糙的瓷器不
用匣缽，直接在窯內疊燒的留有燒
痕。鞏縣窯燒製的器物有碗、盤、
壺、瓶、罐、盒、缽、杯、豆、枕等
種類，以碗盤類為多。

唐 三彩貼花水注

唐三彩三環足盤

唐三彩騎駝人物

3. 浙江越窯

越窯的燒瓷歷史十分悠久，越窯燒造的瓷器主要是青瓷。唐初越窯瓷器基本上保持了南朝和隋代的風格，胎質灰白而鬆，釉色青黃，容易剝落。

唐中晚期越窯進入繁榮時期，胎質細膩緻密，不見了分層現象，氣孔也少，胎呈灰、灰白或淡紫等色調。釉色呈黃、青中泛黃或湖綠等色，釉層均勻，渾厚滋潤，釉面光滑而不透明，開片和剝釉現象少見。越窯器物有碗、盤、碟、瓶、罐、罍、耳杯、執壺、枕、盞托、粉盒、水盂、脈枕、唾壺等。

唐代晚期越窯採用匣缽裝窯工藝燒造瓷器，器物質量顯著提高。唐代越窯器表有少量的裝飾，採用畫花、刻花、印花和鏤雕等裝飾手法，常見的圖案有花卉、雲龍、水草、壽鶴等。當時的越窯釉色享有「類玉」「似冰」及「千峰翠色」之美譽。

唐　越窯青釉雙繫執壺

唐　越窯青釉荷葉口碗

唐　越窯青釉唾盂

4.湖南長沙窯

長沙窯是唐代瓷窯中最注重彩繪裝飾藝術的瓷窯。長沙窯瓷器的胎質可分前後期，前期較粗鬆，胎色為暗紅色；後期比較細密，胎色為灰黃和灰青。釉以青釉為主，也同樣分前後期，前期黃中帶青，胎與釉結合不好，常有剝釉現象；後期青而微黃，也有乳白色中閃青，以及藍色釉、綠色釉，胎與釉結合嚴密，未見剝釉現象。另兼燒少量醬釉、白釉和綠釉器。長沙窯瓷器造型非常豐富，有碗、盤、杯、缽、瓶、壇、壺、罐、盂、洗、枕、盞托、燈盞、盒以及鎮紙、硯滴、硯臺等文房用品，還有俑、鳥、雞、豬、狗、羊、獅、牛、馬等瓷器玩具。

長沙窯瓷器的裝飾以釉下彩與模印貼花最具特色。釉下彩從釉下褐彩發展到褐、綠兩彩。釉下褐綠彩施釉方法有兩種：一是在胎坯上直接用褐綠彩畫紋樣；另一種是先在胎坯上刻出紋飾輪廓線，然後按輪廓線填繪褐綠彩，最後再施以青釉。

模印貼花的紋飾常有人物、嬰戲、雙鳥、雙魚、游龍、蝴蝶、立獅、荷花、葵花、葡萄等各種圖案。除了釉下褐綠彩之外，長沙窯釉上彩繪裝飾同樣精彩，人們利用氧化鐵的

唐 長沙窯青釉褐彩貼塑人物紋執壺

穩定和氧化銅的變化特性，描繪出褐彩勾線、綠彩潑墨的圖案，呈現出非常優美的效果。彩繪題材有人物、山水、花鳥、走獸、遊魚等，此外還有一些在壺、枕、碗或碟上題詩的。

5. 安徽壽州窯

壽州窯也是唐代一大名窯，它以出產黃釉瓷而著稱，與唐人陸羽在《茶經》一書中「壽州瓷黃，茶色紫」等記載相吻合。壽州窯瓷器胎體厚重，胎質有粗細兩類，胎色有灰白、絳紅或白中微帶紅等色調。瓷器以黃釉為主，釉色有蠟黃、鱔魚黃、綠黃以及鐵褐等，釉層厚薄不均勻。

壽州窯的器物胎都比較粗糙，為了提高品質，大多先施一層白色的化妝土，然後再罩以透明釉燒製而成，釉面雖還光潤，但卻有細小開紋片。器類有碗、缽、杯、注子、盆、罐、瓶、枕、玩具等，有少量瓷塑和印花品種。壽州窯還兼燒黑釉瓷，品種有碗、枕、瓶、罐等，黑釉器有的漆黑光亮，有的呈醬褐色。

唐　壽州窯黃釉執壺

唐 壽州窯黃釉印花紋枕

唐 壽州窯黑釉枕

6. 四川邛峽窯

　　邛峽窯是唐代蜀地瓷窯的代表。邛峽窯瓷器的胎色以褐色、深褐色或紫紅色居多，胎內分佈細小的沙粒。釉色較多，有青、青灰、綠、黃、醬色等各種顏色。胎色深褐或紅褐色者，釉色多呈綠色、青中泛綠或青中泛黃色；胎色灰白色者，釉色是青灰或青中泛白色。邛峽窯瓷器的胎體多呈深褐或紫紅，所以器物胎坯先上一層白色化妝土襯底，然後再

施釉燒製。器內施滿釉，器外施半釉。釉層較厚，多有開片。器物種類有碗、洗、壺、瓶、罐、盞、油燈、杯、高足杯、提樑罐、提樑壺、高足燈托、爐、硯以及小雕塑人物、動物等。邛崍窯裝飾工藝主要是青釉褐綠斑和釉下彩繪。其品種、器形、裝飾等方面與長沙窯有許多相同之處。但在支燒方法上邛崍窯採用五齒鋸狀圈支燒，而長沙窯是三足環支燒。

唐　邛崍窯青釉彩繪執壺

唐　邛崍窯青釉彩繪蓋缸

7.陝西耀州窯

耀州窯位於今銅川市黃堡鎮一帶，此地唐末以及宋時均屬耀州，故稱耀州窯。燒造時間始於唐而終於元，有700餘年的歷史。

唐代耀州窯品種很多，除了燒白釉、黑釉、黃釉和青釉瓷外，還生產茶葉末釉、花釉、素地黑彩、白釉綠彩、白地黑彩、白地褐彩、青釉釉下白彩、黑釉剔花填白彩以及三彩等，器形有碗、盞、壺、罐、爐等。

曾使用化妝土，玉璧底碗和堆醬彩朵花小蓋盒是其典型器，耀州窯產品之豐富在唐代瓷窯中首屈一指。

唐 耀州窯黑釉塔式蓋罐

三、五代瓷器

　　五代時期的瓷器風格從唐代瓷器的雍容渾厚發展成優美秀麗，五代時期碗的造型以唇口碗、花瓣口碗、捲沿碗為多。白瓷唇口碗的底足有玉璧形足與寬圈足兩種。花瓣口碗為圈足，足壁有的較寬，有的較窄，寬者足直而矮，窄者足高而外撇。盤以花瓣口為主，新出現的器形有花瓣口沿方形盤、三角形小盤等。盞托常常製作成荷葉形，托子呈折腰狀，圈足高而外撇。執壺常作瓜棱形，流較長而微彎。杯有完全模仿金銀器燒製的，深腹，作海棠式，高喇叭圈足等。

　　河北曲陽窯是我國唐代晚期及五代一處重要瓷窯，也是我國宋代五大名窯之一定窯的前身。一直以燒製白瓷為主，兼燒黃釉、黃綠釉及褐綠釉產品。五代時期曲陽窯燒製的白瓷胎色潔白細膩，瓷化程度相當高，有的施化妝土，釉面柔潤，有一定的透明性。白瓷因為採用氧化火焰燒成，所以釉色純白或白中閃青為多，器物種類有碗、盤、燈、碟、盒、罐、瓶、枕和各種玩具等。五代時期曲陽窯的裝飾比較簡單，開始出現畫花圖案。

　　浙江越窯青瓷在晚唐五代時期代表了當時青瓷的最高水準。五代時期青瓷胎質細膩，胎色呈灰色或淺灰色，胎壁薄，器形規整，器表光滑，口沿細薄。越窯青瓷在唐代即有「秘色瓷」之稱，唐代秘色瓷釉色呈青綠或青黃色，以艾色為貴。到五代時期秘色瓷的釉色特點是青中泛綠，猶如一湖春水，表面呈半透明狀，具有玉的質感。器物內外均施滿

五代　越窯青釉「官」字款罐

釉，釉薄而勻。器形豐富，有碗、執壺、杯、罐、罍、匜、香爐、水盂、盒、鉢、盆、洗、盤、碟、缸、釜、瓶、燈以及鳥、狗等動物造型。以罍和茶甌最為突出。五代瓷器繼承唐代瓷器的造型特點，壺多作瓜棱形，碗、盤多為花口，海棠式杯、蓮瓣紋碗、盞托為這一時期的代表性器物。五代時期越窯所產瓷器仍以素面為主，只有少量器物有刻花、畫花、印花和堆貼的圖案，並出現了釉下褐彩裝飾。

五代　越窯青釉釜

五代　越窯青釉鉢

四、唐三彩

　　唐三彩是一種低溫釉陶器，施釉後出現幾種顏色，古人以三為多，故一般稱為「唐三彩」。唐三彩器以白色黏土作胎，釉料則用礦物質中的金屬氧化物為著色劑，主要是用氧化銅燒成綠色，用氧化鐵燒成黃褐色，用氧化鈷燒成藍色，並用鉛作助熔劑，利用鉛在燒製過程中的流動性形成黃、赭黃、翠綠、深綠、天藍、褐紅、茄紫等各種色調，從而使器物色澤斑斕、絢麗多彩。唐三彩陶器製作先是在1100℃左右的高溫下燒出素坯，然後在胎體上施釉，再經過約900℃低溫燒成。

　　燒製唐三彩的窯址目前發現的主要有河南鞏縣窯、陝西耀州窯、河北邢窯等。唐三彩最初出現大約在唐高宗時期，流行於唐代中期，唐代開元年間是其極盛期，「安史之亂」後急劇減少。這說明唐三彩是盛唐時期的產物。唐代流行厚葬，官員死後按不同等級隨葬相應數量的明器。色彩絢麗、雍容華貴的唐三彩，正好是達官貴人們最好的隨葬品。

　　除了隨葬之外，唐三彩釉陶器也有作為日用產品的，同時還大量銷往海外，韓國、日本、埃及、伊拉克以及印度尼西亞等國家都出土過唐三彩，可見唐三彩在中外文化交流史上寫下過光輝的一頁。

唐三彩鳳柄壺

唐三彩器主要可分為三大類：一類是日用生活器皿，如瓶、壺、罐、缽、杯、盤、碗、盂、燭臺、枕等多種；一類是陶俑，人物俑有貴婦俑、男女侍俑、拉馬俑、文官俑、武士俑、胡俑、天王俑等，動物俑有馬、驢、駱駝、豬、牛、羊、狗、雞、鴨等，以及人面獸身的鎮墓獸；還有一類是居室用具的各種模型，有亭臺樓閣，有假山和水榭，各種房屋、倉庫、廁所、車、櫃等等。

唐三彩人物俑的主要特點是人物體態和面部都比較豐滿，特別是一些侍女俑，面部與體態已經豐滿到臃腫的地步，這與盛唐時期人們「以肥為美」的標準是非常相符的。此外，唐三彩人物俑還有一個顯著特點，那就是人的頭部多不施釉，僅在素胎上塗白粉，眼、眉、頭髮用墨描繪，唇及面頰以朱紅塗抹。唐代時期佛教盛行，三彩俑中有大批天王力士俑，造型與同時期佛教石窟寺中的人物雕塑相似。天王們身材高大，戴盔披甲，怒目圓睜，一手叉腰，一手舉拳，腳下分別踏著牛、鬼、蛇、神。人面獸身的鎮墓獸，面目猙獰，它們與天王俑一樣，都是墓中的鎮邪之物，這反映了唐代濃厚的佛教文化。動物俑中的馬在唐三彩中最多見，是最有神韻的一類藝術珍品。唐三彩馬的特點是頭小頸長，膘肥體壯，眼睛有神，體態各異，栩栩如生。

唐三彩女子坐俑

唐三彩男子、女子俑

唐三彩胡人騎馬俑

唐　藍釉人物俑

第七章
宋遼金時期陶瓷器鑑定與欣賞

一、宋代瓷器的基本鑑定特徵

宋代政權建立以後，社會較為安定，人民得以休養生息，商品經濟也逐步繁榮。隨著陶瓷器作為商品流通，全國各地湧現出一批著名的瓷窯，製瓷工藝有了明顯的進步，不僅陶瓷品種繁多，裝飾方法也多種多樣，紋飾題材之豐富更是超越了前代。

由於各窯生產的產品之間的相互影響，以及工藝技法的借鑑與仿效，從而出現了一批與某些名窯的工藝和風格相近的瓷窯系。總之，宋代陶瓷呈現出了百花齊放、競相鬥豔的新風貌，達到了我國古代瓷器史上的巔峰階段。

宋代瓷器的特點

這一時期的製瓷工藝進入了嶄新的階段。五大名窯中的汝窯、官窯產品晶瑩潤澤，哥窯金絲鐵線妙趣天成，定窯印花冠絕一時，鈞窯燦如晚霞；景德鎮窯青白瓷色澤如玉；龍泉窯青瓷翠綠晶亮；建窯、吉州窯黑瓷燒出油滴、兔毫、鷓鴣斑、玳瑁斑的結晶釉和乳濁釉，以及黑釉剔花、剪紙貼花等。從釉色來說，唐代瓷器使用的都是釉層很稀薄、釉面無光的石灰釉，顏色或青或白或黃。雖說人們讚美越窯產品「如冰似玉」，但是和宋瓷的釉色比起來，精美程度實難企及。

宋代的窯工除改進了石灰釉的配方外，還發明了石灰鹼釉，使器物的釉層可以施得較為濃厚，瓷器的外觀顯得比較飽滿，表層呈現一種柔和素雅的藝術效果。只有在景德鎮窯燒出了青白瓷，汝窯燒出了「釉質瑩厚如堆脂」的青瓷，龍泉窯燒出了青翠欲滴的梅子青瓷器後，「如冰似玉」四字在石灰城釉的瓷器上才真正得到了體現。宋代瓷器的這些成就是前無古人的，一直深受後世的追捧、讚譽。

宋代瓷器的裝飾手法

宋代瓷器的裝飾手法種類也超過了唐代，除了利用釉色的變化來裝飾外，還大量運用印花、刻畫花、剔花、畫花、剪紙貼花等技術。宋代瓷器的紋飾題材也極其豐富，常見的花卉紋有蓮花、牡丹、菊花、石榴花、梅花等，動物紋有龍、鳳、魚、鴛鴦、鶴、鹿、

兔、犀牛、虎、鴨、飛鳥等，人物紋有童子、仕女、觀音等。瓷器的間飾與邊飾花紋常見的有回紋、捲草紋、曲帶紋、蓮瓣紋、蕉葉紋、圓圈紋、水波紋、雲紋等。

宋代瓷器的造型

宋代瓷器的造型豐富多彩。

玉壺春瓶為撇口，細頸，圓腹，圈足，是宋代瓷器中最典型的器物。梅瓶的造型特徵是小口，短頸，豐肩，肩以下逐漸收斂，圈足。花口瓶也是宋瓷中比較常見的一種，瓶口有如開放的花瓣，細頸微撇，圓腹，撇足。瓜棱瓶的特點是瓶的腹部由凸凹的弧線組成似瓜棱式的形體。琮式瓶仿周代玉琮造型，為圓口，方身，四面各凸起橫直線紋，圈足，口足大小相若。葫蘆式瓶的瓶身是由兩截粘接成為上小下大的束腰式葫蘆狀。多管瓶又稱「五孔瓶」，特點是在器身的肩部貼有向上直立的多棱形五管。蟠龍瓶則是在瓶的頸、肩處堆塑一條蟠曲舞動的龍。雙耳瓶是頸部兩側貼附雙耳，耳的造型有貫耳、鳳耳、魚耳等。膽式瓶為直口，細長頸，削肩，肩以下逐漸豐碩，最大腹徑在下腹部，圈足，整個器形像一個膽。淨瓶是一種佛前供器，瓶上部為直立細長圓管，肩部一側有上翹的短流，也有的配以龍頭流的造型。

瓜棱壺的流細長而彎曲，曲柄扁形，壺體為瓜棱形，棱多達八條以上。執壺和注碗是一組盛酒和溫酒的用具，使用時將執壺置於注碗中，碗內盛熱水，可以溫酒。碗體造型為仰蓮式，圈足外部浮雕覆蓮圖案。執壺的流細長微彎，壺口有蓋，蓋上雕塑一隻小獅子。提梁壺為小口，球腹，下承以三獸足，肩一側有龍首流，肩部兩端連以半月形提樑。葫蘆式壺身似束腰形葫蘆，流貼附在下半圓腹上側，另一側有曲柄，圈足。

宋代的瓷爐有鬲式、魚耳、鼓釘、蓮瓣、三足、五足、弦紋等各種式樣。

花盆有蓮瓣、葵瓣、海棠、長方、六方、仰鐘等式樣。

瓷尊也是宋代宮廷陳設瓷器之一，有出戟式、撇口式、直口式等。其中仿漢代銅樽式樣的，口身相連，器身圓筒式，平底，下承三足，尊身凸起弦紋數道。

瓷洗有圓、三足、桃式、鼓釘、折沿、單柄等式樣。

瓷盒按用途可分為鏡盒、藥盒、化妝盒、香料盒等，造型有仰覆蓮瓣式、瓜棱式、八方形等。

宋代瓷枕的造型比唐代更多，器形較大，一般為實用的生活用具，造型有長方形、如意雲頭形、雞心形、橢圓形、銀錠形、虎形、童子荷葉形、臥女形等。

二、宋代五大名窯及著名窯場瓷器

(一)宋代五大名窯及其瓷器

1. 河南汝窯

自宋以來，在中國的陶瓷史上出現了「五大名窯」——汝、官、哥、鈞、定。史書云：「汝，五窯之魁也。」現代人則稱讚說：如果把「五大名窯」比做中國陶瓷史上的美麗皇冠，汝窯就是皇冠上那顆最耀眼的明珠。汝窯窯址在河南省寶豐縣大營鎮清涼寺，宋

代時歸屬汝州管轄，故名汝窯。汝窯主要是燒造宮廷用瓷，故汝窯又稱「汝官窯」，燒瓷的時間不長，僅為從北宋哲宗到徽宗的約20年時間，所以是宋代名窯中傳世品最少的一座名窯。

汝窯瓷器的主要器形有盤、洗、碟、瓶、尊等。盤有大小深淺之分，以捲足者為多，也有臥足者。洗分敞口、直口兩種，前者圈足外捲，後者口與底垂直，至近底處內斂平底；還有橢圓形四足洗，這類洗是汝窯特有的造型。汝窯瓷器的胎體都比較薄，多數呈香灰色，胎質堅細，製作較規整。器物通體施青釉，釉的基調是天青色，青中閃藍，並有蛋青、蝦青、藍青等色。釉層薄而瑩潤，釉泡大而稀疏，明朗如珠，因而有「汝器釉泡寥如星辰」之稱。釉質甚硬，有的釉面有極細小的開片。汝窯器物均施滿釉，器裏外口緣及足際均不露胎。因採用支釘工具支燒，器底都會留有幾個支釘痕。支釘細小，故痕跡小如芝麻，分佈多不規則。汝窯瓷器大多無紋飾，極少有刻花裝飾。

傳世汝窯瓷器的銘文只有兩種，一種為「奉華」，應是宮廷「奉華堂」的專用品；另一種刻有「蔡」字，當是物主的姓氏。

北宋　汝窯青釉碗

北宋　汝窯洗

2. 河南汴京官窯和浙江杭州官窯

　　河南汴京官窯和浙江杭州官窯也為宋代五大名窯之一，其包括北宋官窯和南宋官窯。北宋官窯設窯汴京——今開封市，也稱汴京官窯。由於宋代汴京官窯窯址已深埋地下，難以進行考古發掘，加之文獻材料甚少，目前對汴京官窯問題尚無定論。

　　南宋官窯設置於杭州修內司及郊壇下，稱修內司官窯及郊壇官窯。修內司官窯遺址就是鳳凰山老虎洞窯，郊壇官窯窯址在烏龜山一帶，已作部分發掘。南宋官窯產品以洗、碗

宋　官窯雙耳爐

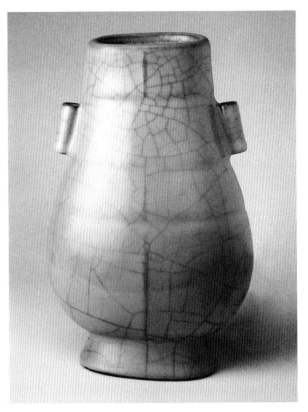

南宋　官窯貫耳瓶

為多。胎黑而稍顯褐色，亦有紫色的細膩泥胎，胎體很薄。釉以天青為正色，並有粉青、月白、油灰等色，釉面厚潤瑩亮。因胎骨含鐵質特高，往往在口部邊緣的最薄處顯露出灰黑泛紫的胎色，同時在底足部無釉處呈現出鐵紅色，我們稱之為「紫口鐵足」現象。器物一般無紋飾，多有開片。片紋較大且縱橫交錯，有的呈冰紋重疊狀，是與汝窯、哥窯紋片不同之處。郊壇官窯還燒製胎薄釉厚的產品，釉的厚度為胎厚的1～3倍。這種製品的施釉方法也與眾不同：先在器物的內部施釉，乾燥後將外面的坯體削薄，然後再噴釉在外面，使之成為幾乎能夠透視的薄胎瓷器。

3. 南宋哥窯

傳世哥窯瓷器的產地至今尚未發現。哥窯瓷器的胎體較厚，胎質細膩，胎色大都是紫黑、黑灰、深灰或土黃等。器物常有「紫口鐵足」現象。

哥窯的釉屬於無光釉，釉色有灰青、月白、深灰、青黃或米黃等，釉色肥潤。哥窯器物以紋片著名，釉面開裂成不規則的細碎紋片，大紋片呈黑色，小紋片呈黃色，即「金絲鐵線」。以墊燒為多見，少數支燒。傳世哥窯瓷器為數不少，以仿商周青銅器造型為主，常見的有三足鼎、魚耳爐、雙耳乳足爐、乳釘五足爐、觶式瓶、膽式瓶、八方穿帶瓶、弦紋洗口瓶等，也有碗、盤、洗、罐之類的器物。

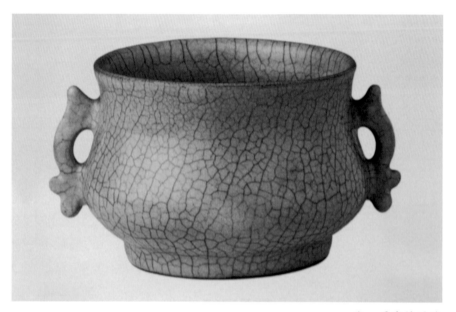

宋　哥窯雙耳爐

4. 河南鈞窯

河南鈞窯窯址在河南禹縣境內，禹縣在金代屬鈞州，故名鈞窯。鈞窯創燒於北宋，盛於北宋晚期，延續到金、元時代。禹縣城內八卦洞窯場曾燒造北宋宮廷用瓷。鈞窯青瓷影響廣泛，仿效燒造鈞窯的窯場很多，如河南郟縣、臨汝、登封、安陽等地以及河北磁縣、山西渾源縣等地的窯場，形成龐大的鈞窯系。

鈞窯的釉色很有特點，其仍屬青瓷系統，主要著色劑是氧化鐵，經高溫還原形成青色

或藍色的主基調，同時釉內含有少量氧化銅，高溫還原燒出紅色的窯變斑塊。鈞瓷使用的是一種不透明的乳濁釉，基本釉色為藍色，具有螢光一般幽幽的光澤，根據其藍色的濃淡，可分成為天青、天藍、月白等色彩。釉內再摻入氧化銅，便會出現紫紅或紅色，在高溫燒造過程中，釉水熔融流動，形成玫瑰紫、海棠紅等顏色。由於鈞窯一般施釉較厚，釉內有很多小氣泡，燒成後形成細小的棕眼。這也是鈞窯的一個非常突出的特徵。同時，釉在熔融狀態下流動，釉面上往往產生一種細而彎曲的條紋，如同蚯蚓在泥裏爬過的痕跡，稱之為「蚯蚓走泥紋」。這種條紋也是北宋鈞瓷所特有的。

　　鈞窯瓷器胎骨堅硬，叩之作鐵聲。胎色也較深，帶褐紫色或淺灰色。鈞瓷多為盤、碗、瓶、盆等日常用品，也有奩、尊、洗等陳設瓷，花盆、盆托及尊等宮廷使用的器物底部均刻一個從一到十的數字。

宋　鈞窯玫瑰紫海棠式花盆

宋　鈞窯鼓釘三足洗

5. 河北定窯

　　河北定窯位於河北曲陽縣，宋時屬定州，故名定窯。定窯原為民窯，北宋後期曾一度專燒宮廷用瓷。定窯系瓷窯以定縣為中心，包括山西平定窯、盂縣窯、陽城窯、介休窯，四川彭縣窯等窯場，是我國北方以燒製白瓷為特色的一群窯址。

　　定窯在宋代主要燒製白瓷，也兼燒綠釉、黑釉、褐釉瓷器，即文獻中所稱的「綠定」「黑定」「紫定」之類。定窯瓷器胎料經過細緻篩選，做成的器物胎薄，胎質細密潔白，但不太透明。白瓷的釉色微泛黃，是一種柔和的象牙白色。施釉前不用化妝土。積釉處多見淚痕，隱現黃綠色；薄釉處能看出胎土的旋輪痕，釉面極少開片。器形主要是碗、盤、瓶、罐、尊、執壺、盒、枕等。定窯發明了覆燒法，即將瓷器的口沿向下扣在支圈上，口沿上不施釉，稱為「芒口」。芒口處往往鑲上金、銀、銅邊等。芒口也成為定窯製品的一大特徵。這種覆燒法在宋代也很快為其他許多窯場所借用。

　　在五大名窯中，定窯以具有豐富多彩的裝飾花紋取勝。主要裝飾手法有印花、刻花和畫花。印花以花卉紋為多，常見蓮花、菊花、牡丹花、梅花等，也有飛鳳、鴛鴦、大雁、牛等動物圖案。工整素雅的定窯印花，一向被視為陶瓷藝術中的珍品。刻畫紋最常見的是

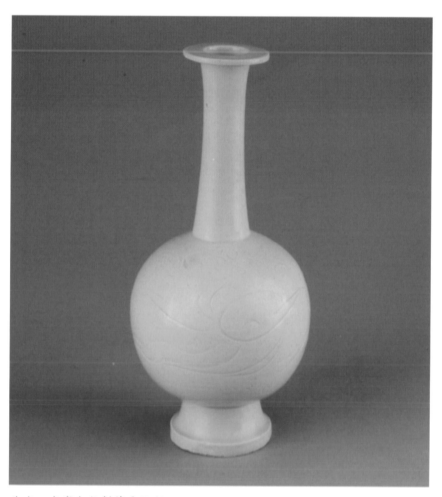

北宋　定窯白釉劃花雲紋瓶

蓮紋、海水雙魚，還有龍、螭以及蓮池遊鴨等。裝飾畫面嚴謹、整齊、優美。定窯瓷器器物底部刻有「官」「奉華」「德壽」等字樣，大部分與宮廷有關。

宋　定窯白釉刻花碗

（二）宋代著名窯場及其瓷器

宋代除五大名窯外，在全國各地還有一批著名窯場。

1. 陝西耀州窯

陝西耀州窯歷經唐、五代，至北宋達到其燒製青瓷的鼎盛期。北宋耀州窯青瓷器胎骨薄而堅硬，胎色為灰褐。青釉光潤肥厚，釉色青綠，微帶黃褐色，俗稱為「薑黃色」。這種薑黃色釉是耀州窯青瓷釉色的最大特點。

北宋耀州窯兼燒醬釉、黑釉和白釉瓷器。其突出的成就是花紋裝飾，手法多樣，以刻花、印花為主，也有剔花、畫花、鏤雕和貼塑等。刻花以花卉為主要內容，刀法明快，線條活潑流暢，並能刻出有斜度的刀痕。這種斜度與線條的深淺、凸凹相結合，透過薄薄的釉層，使畫面的陰線陽線特別清晰，增強了整個構圖的美感。

印花盛行於北宋中期以後，特別是到了晚期，印花紋飾佈局嚴整，講求對稱，因此，耀州窯的印花瓷器堪稱宋代印花瓷器中的典範。常見的圖案內容有嬰戲、鳳凰牡丹、飛鶴、菊花、蓮花、海水游魚、博古等。耀州窯的產品曾作為貢品進獻給宮廷使用，這些貢品瓷器往往刻印有龍、鳳等紋飾。耀州窯瓷器的器形很豐富，有盤、碗、瓶、洗、缽、

杯、盞、托、爐、注子、注碗、罐、燈、枕、盒、執壺、硯、硯滴、瓷塑等。其中有幾種是耀州窯獨具特色的產品，如小口、短頸、豐肩、通體刻畫纏枝花卉的梅瓶，鳳首提梁、獅子流、通體刻畫纏枝蓮花的倒流壺等。

宋 耀州窯青釉印花纏枝紋碗

宋 磁州窯白地黑花剔花紋枕

2. 河北磁州窯

　　河北磁州窯位於磁縣的觀台鎮一帶，因地屬古磁州，故名磁州窯。磁州窯的瓷器產品具有濃厚的民間生活氣息，是宋代北方民窯的代表。

宋　磁州窯白地黑花枕

宋　磁州窯白地褐花枕

磁州窯的燒瓷品種繁多，除白釉瓷、黑釉瓷之外，還有白釉畫花和剔花、白釉綠斑和褐斑、白釉釉下黑彩和釉下醬彩、白釉釉下黑彩畫花和釉下醬彩畫花、珍珠地畫花、綠釉釉下黑彩、白釉紅綠彩和低溫鉛釉三彩等十幾種。

磁州窯瓷器的胎質主要有兩種：一種胎質堅細，呈灰白色；另一種胎質粗鬆，呈紅褐色。有的胎體較厚重粗糙的器物，表面先大量施化妝土，然後再施透明釉燒製。白釉肥厚瑩潤，有的呈奶白色，似有油性，不透明。釉層均勻，無淚痕，但有的有開片。白地黑花是磁州窯器物中最具特點的裝飾，有著濃郁的民間生活氣息。

磁州窯瓷器的造型立足於生活實用，主要有瓶、罐、壺、盆、碗、缽、缸、甕、盤、化妝盒、枕、燈、香爐及各種動物玩具等。紋飾有馬戲、嬰戲、踢球、釣魚、折枝、串枝花卉及人物。瓷枕造型豐富，有八方形、腰圓形、虎形、如意形、長方形等，有的在枕面繪嬰戲、踢球、釣魚等紋飾，還有書寫詩詞的，枕底部多印有「張家造」等款識。

3.江西景德鎮窯

江西景德鎮窯始燒於五代，至宋代製瓷技術成熟，規模和質量都有很大的發展和提高。北宋以後，景德鎮主要燒造青白瓷。青白瓷又名影青瓷、隱青瓷、映青瓷，其釉色介

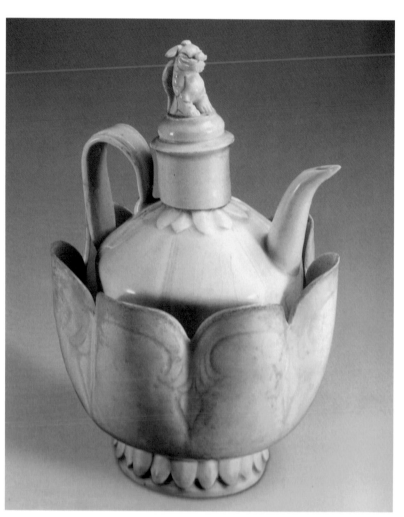

北宋　景德鎮窯影青釉注子注碗

於青白之間，青中泛白，白中閃青。景德鎮窯在宋代生產的青白瓷，胎薄，釉細，紋飾精美，銷量很大。受到景德鎮窯影響而燒製青白瓷的窯場，南北方都有，形成了一個生產青白瓷的窯系。

　　景德鎮窯北宋前期生產的影青瓷，器形較簡單。釉色一般為白中稍帶淡青，有相當一部分器物釉色不夠純正，微泛黃色。因用仰燒法，器底墊泥餅，器物燒成後圈足底部留下圓形黃褐色印痕，這也是景德鎮影青瓷的一個重要特徵。此時的青白瓷器不太講究裝飾，大多是素面。

　　北宋中晚期是景德鎮影青瓷生產的鼎盛時期。影青瓷胎質潔白細膩，器壁極薄，呈半透明狀。釉色青白，光澤度強，透明度高，在器物棱角或其他積釉較厚的部位，釉呈水綠色。器物大多仍採用仰燒法，底足部有黃褐色圓形痕跡。受到定窯的影響，一部分器物已開始採用覆燒法燒製，口部形成芒口，再鑲嵌上金、銀或銅邊。這一時期影青瓷的裝飾手法多為雕花，主要內容為花卉、飛鳳、水波紋、篦紋等。印花多在斗笠碗的口沿部，內容一般為回文。

　　南宋以後，景德鎮窯青白瓷器的生產大量採用覆燒法。器物大多胎質鬆軟，釉色發青或淡白，釉面不太光亮。在裝飾上廣泛採用了印花、刻花、畫花、雕塑等工藝，內容主要

北宋　景德鎮窯影青釉鏤空香薰

有花卉、水波紋、雙魚紋、嬰戲紋等。這一時期影青瓷器的質量日趨下降，胎質灰雜粗疏，釉色灰青或泛黃，釉面也不太光亮。

景德鎮影青瓷器形有碗、盞、盤、罐、執壺、折肩缽、粉盒、盞托、瓶、香爐、枕、玉壺春瓶、梅瓶、瓜棱形瓶、斗笠碗、堆塑瓶等等。

4. 安徽繁昌窯

安徽繁昌窯是宋代專燒影青瓷的窯場，其始燒於五代，興盛於北宋。主要產品以民間實用器為主，有碗、盞、杯、碟、盆、罐、缽、盒和執壺等。胎灰白堅細、薄而均勻，釉色以影青為主，次為白釉。由於燒造溫度的高低和還原火焰的不同，瓷釉呈現各種不同的青黃色。溫度低的有土黃青、豆黃青、米黃青等釉色；溫度高的，釉色光亮瑩潤，小開片均勻，呈透明狀，色在青白之間，玻璃質感較強。

繁昌窯以一缽一器的仰燒法為主，早期曾用支釘法燒造。裝飾手法主要有刻花、印花和剔花等。荷花盞、葵口杯、鏤空爐等為該窯的代表作品。

北宋　繁昌窯影青釉鏤空香爐

北宋　繁昌窯影青釉斜直紋高足杯

北宋　繁昌窯影青釉蝴蝶紋執壺

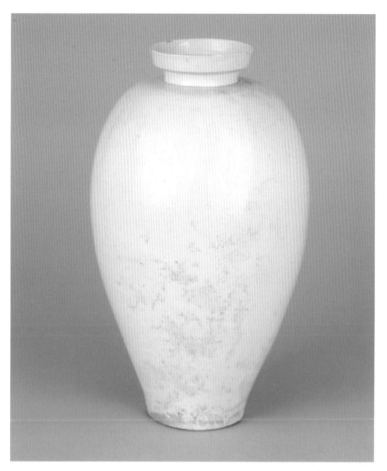

北宋　繁昌窯影青釉盤口瓶

5.浙江龍泉窯

　　浙江龍泉窯位於龍泉縣，龍泉窯創燒於北宋早期，南宋晚期達到鼎盛。龍泉窯是北宋時期受越窯影響並繼之而起的著名民間窯場，其燒造的精美青瓷被很多窯場競相模仿，形成了一個龐大的龍泉窯系。

　　北宋時期龍泉窯青瓷受越窯影響，釉色為與越窯青瓷很接近的黃綠色或淡青色，青釉屬石灰釉性質，釉層較薄，釉面光亮，透明度高。

　　從裝飾方法上看，在器物內壁或內底常刻有花紋，主要有團花、蓮花、纏枝花卉、魚紋及篦點紋，外壁有蓮瓣紋及豎向的篦紋等。南宋是龍泉窯青瓷發展的高峰時期，已使用石灰城釉，高溫下釉黏度大，不易流動，燒製成功粉青釉和梅子青釉兩個著名釉色。粉青釉釉層厚而透明，釉面光澤，外觀柔和淡雅，猶如青玉；梅子青釉的釉層比粉青釉更厚，略帶透明，釉面光潤，色調可與翡翠比美。

　　南宋龍泉青瓷的胎骨大致有兩種顏色，一為灰白色，一為灰黑色。粉青、梅子青一類釉色的瓷器，胎骨多為灰白色，釉內無冰裂紋或僅有少量細小的冰裂紋，這類器物占龍泉青瓷中的絕大多數。還有一類灰青、灰綠、米黃等釉色的瓷器，胎骨多為灰黑色，器物往往通體開大小片紋，這種灰黑胎青釉在造型、釉色、紋片以及底足的切削形式上都和南宋

南宋　龍泉窯粉青釉鉢

北宋　龍泉窯青釉五管罌

官窯很相似。南宋龍泉窯瓷器多為素面，個別器物貼有雙魚圖案以及堆塑裝飾等。龍泉窯瓷器的器形多種多樣，有盆、碟、盤、碗、壺、瓶、爐、渣斗、盒、罐等日用品，文房用具有水盂、水注、筆筒、筆架，還有棋子、鳥食罐等。南宋時期出現了不少仿青銅器、玉器造型的器物，仿青銅器的有鬲、觶（ㄓㄨˋ，飲酒用的器具）、投壺等，仿玉器的有琮式瓶。這個時期的器物造型特徵為器底厚重，圈足寬闊而矮，具有穩重感。

南宋　龍泉窯青釉鬲式香爐

6.福建建窯

　　福建建窯窯址分佈在建陽縣水吉鎮附近。宋代建窯所產瓷器以黑釉瓷器最為聞名，在古代文獻中稱之為「烏泥建」「黑建」，日本人叫它為「天目」。其生產的黑釉瓷器多為碗、盞類，即所謂的「建盞」。建盞曾在北宋末期供奉宮廷作「鬥茶」工具使用。因胎土含鐵較多，胎體厚重，胎色黑而堅固。

　　黑建施釉較厚，一般都較光亮。器裏外均施釉，器外施釉不到足，常有垂釉和流釉現象，釉色呈黑色或醬黃色。有些碗、盞類在高溫下釉層流動，富含鐵質的釉流成條紋狀，冷卻時便從中析出赤鐵礦小晶體，從而形成絢麗的兔毫斑。

　　建盞造型質樸古拙，形制主要有兩種：一種腹部較深，口沿下內收成短頸；另一種體形較矮，敞口外撇或略外折，近似於斗笠形狀。這兩種盞的圈足均較矮，旋削得很規整。有的圈足底部有陰刻的「供御」「貢御」等銘文，應是向宮廷進貢的物品，也有帶數量、姓氏字樣的。另外，建窯還有鷓鴣斑、油滴斑等黑釉品種。

南宋　建窯黑釉油滴盞

宋　建窯黑釉盞

7. 江西吉州窯

江西吉州窯位於江西吉安永和鎮，又稱永和窯，是我國宋代南方地區很有影響的一個窯場，屬民窯系統，其創燒於唐，早期產品為青瓷，北宋以燒青白瓷為主。其生產的影青瓷與景德鎮窯生產的相似，北宋晚期至南宋初開始生產的瓷器種類除各類單色釉瓷外，還有大量彩繪瓷器，有剪紙貼花、白釉黑花、黑釉白花、兔毫、油滴、木葉紋、玳瑁、窯變花釉、剔花、印花瓷器和低溫釉陶等。

器形主要為碗、盤、罐、爐、洗、壺、盒、瓶、枕、盆、燈和動物瓷塑等。品種之多，工藝之全面、新穎是其他地區所少見的，特別是剪紙貼花和木葉紋這兩種裝飾技法，是吉州窯工匠的發明。它的剪紙貼花大多裝飾於碗內，題材有飛鳳、鹿、鴛鴦、蝴蝶、梅花、竹、蘭以及在菱形邊框內有「福壽康寧」「金玉滿堂」「長命富貴」四字吉語等，裝飾效果極似民間的剪紙藝術效果。

南宋　吉州窯白地褐花蓮紋梅瓶

南宋　吉州窯黑釉貼木葉紋盞

南宋　吉州窯褐釉剪紙貼花盞

宋　吉州窯白地褐彩水浪捲草紋枕

三、遼金時期陶瓷器

　　遼是我國北方與五代、北宋時期並立的契丹族政權。金是我國北方在北宋後期至南宋時期建立的女真族政權。遼金所生產的陶瓷器，既有五代、宋代時期中原陶瓷器的代表性特徵，又有顯著的地方性民族特徵。

（一）遼代陶瓷器

遼代陶瓷器的造型

　　遼政權建立200多年，與漢族經濟文化長期交流，陶瓷器的造型既有中原常見的形制，如日常生活用品有杯、碗、缽、盤、碟、盒、壺、瓶、罐、盞托、渣斗、甕、缸等，文具有硯臺、水盂，以及玩具、棋子、瓷笛、小人、小獸等，也有極具契丹民族特色的器形，如雞冠壺、長頸瓶、鳳首瓶、筒式瓶、雞腿瓶、長頸蓋壺、穿帶扁壺、海棠花式長盤、暖盤、三角碟、方碟等。

　　雞冠壺是仿皮囊容器，體現了契丹人遊牧生活的特徵。壺的式樣又分為單孔、雙孔、環樑、橫樑諸種，因單孔式壺的單孔在「雞冠」內，故名雞冠壺。扁身單孔式的雞冠壺，為遼代早期瓷器；扁身雙孔式晚於前者，但早於扁身環樑式；圓身環樑式盛行於遼代晚期。而矮身橫樑式則早晚期都存在，有的壺底部畫有「官」字款。雞冠壺釉以綠釉為多。

　　長頸瓶在早期的形制為平底，侈口，細足，寬肩，頸部粗而長，頸中部和基部各飾弦紋一道；晚期為喇叭口，長頸，寬肩，瘦足，僅肩部飾一道弦紋。

　　鳳首瓶的造型一般為直立斂翼伸頸的鳳鳥形狀，花式杯形口，鳳眼微張，鳳嘴微曲，弦紋長頸，寬肩，瘦足，足部略外撇，器物多施醬黃釉、綠釉。

　　筒式瓶為圓形直筒式，係仿木筒器，一般為三彩器，屬於遼代晚期產品，其器身上下常貼塑人像圖案。

　　雞腿瓶器身細高，上粗下細，小口平底，有的器身飾瓦溝紋，肩部常刻畫契丹文字。

　　穿帶壺壺體圓式，大盤口或喇叭口，長頸較粗，肩寬，斂腹，底足外展，兩側各有穿帶鼻兩個，外底部往往畫有「官」字款。

　　海棠花式長盤的造型作八曲海棠花式，平底寬邊，盤內印有凸起的大朵牡丹花紋，器物多為三彩釉。

　　三角碟和方碟是模仿契丹人用的同類型木製餐具，器形分別為三角形與方形。二者形制為平底，曲線口，器內印凸起的花紋。三角形碟多為白瓷，外底刻有「官」字款，方碟一般為三彩器。

遼三彩

　　在宋、遼、金生產的陶瓷器中，遼的三彩器是比較發達的。通常所說的「宋三彩」包括了宋、遼、金生產的三彩器，但其主體應該是遼三彩。遼三彩是一種低溫釉陶器，主要釉色有白、黃、綠、褐、紅，有時僅施單色釉，有時施兩色或三色釉，大多數遼三彩器物的底部不施釉。遼三彩與唐三彩相比較，唐三彩釉厚且瑩潤純淨，而遼三彩釉層薄，釉色

不夠光亮，施釉也不太規整。遼三彩的胎質粗而堅硬，胎色有淡紅、淡黃、灰白色。器物在施釉前先掛一層白色化妝土。遼三彩的白釉往往閃黃，黃釉微閃綠，綠釉微閃黃。有時白釉、黃釉上加極少的綠釉。遼三彩的釉面上可見到極細小的開片紋。其胎與釉結合也不太好，往往會有剝釉現象。

遼三彩 鳥形水注

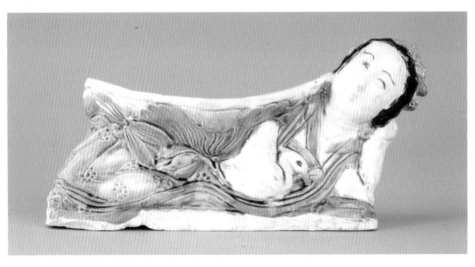

宋三彩 臥女抱鵝枕

遼代官窯

　　赤峰缸瓦窯在內蒙古自治區赤峰市附近，此窯為遼代官窯。缸瓦窯所燒器物以白釉瓷器為主，還有黑釉、白釉黑花、三彩釉和茶葉末綠釉陶瓷器。白瓷器胎色白而微黃，往往夾雜有黑點。單色釉和三彩釉陶器，胎質細軟，呈淡紅色。茶葉末綠釉陶瓷器胎粗硬而色

黃，多含黑色雜質。器物多施白色化妝土。大的白釉器物多粗糙，釉色多帶黃色，混濁不透明；精品的瓷化程度較高，釉色白可透影，與定窯的上品瓷器很相似。缸瓦窯器物裝飾以印花、剔花為多，刻畫花和貼花較少。刻有「官」字款的有白瓷盤、碗等器物，在窯址上還發現帶有「官」字款的窯具，足以證明缸瓦窯是遼代官窯的窯場。

　　林東遼口京窯在內蒙古自治區赤峰市林東鎮，是遼代晚期的官窯。此窯以燒造白、黑釉瓷器為主，另有綠釉、三彩和茶葉末綠釉等品種。單色釉瓷器胎質細白，大器厚胎者，往往含有少量灰黑雜質，胎呈灰白色。白瓷釉色純白，釉層薄而無堆脂現象，光澤強而溫潤。黑釉瓷器釉色黑而閃暗綠，釉厚處則現蠟淚痕或呈堆脂狀，光澤較強。器物的圈足內往往刻畫有各種記號。三彩器多施化妝土，釉色不鮮豔，且釉層易脫落。茶葉末綠釉瓷器與赤峰窯的相同，施釉較厚，釉色灰綠閃黃。

遼　綠釉刻花牡丹紋鳳首瓶

（二）金代陶瓷器

金代前期陶瓷器

金是我國兩宋時期由女真族在東北、華北地區建立的一個王朝。金代陶瓷器可分為前後兩個時期。金代前期的陶瓷器生產是在繼承遼代陶瓷器生產技藝的基礎上建立起來的，主要窯場以遼寧撫順大官屯窯和遼陽江官屯窯為代表。其產品多為碗、盤、碟、瓶、壺、罐之類日用粗瓷，造型特點是瓶、壺、罐類多附有雙繫、三繫或四繫。所有器物製作都不規整，胎質粗厚，胎骨燒結程度不高。釉有黑釉、白釉、醬釉、灰綠色釉等，釉面混濁不清。裝飾也很簡單，除了少數為白釉黑花外，絕大多數為單色釉。

金代後期陶瓷器

金大定年間進入中原地區以後，陶瓷器的生產得到了很大的恢復和發展。生產陶瓷器的窯址主要有定窯、鈞窯、磁州窯、耀州窯、蕭窯等。

瓷器以生活用品為主，有碗、盤、罐、壺、杯、洗、爐、枕、玩具等，造型多承襲宋式，但也有白釉黑花葫蘆形瓶、黑釉桃形壺等特有的器物。花紋裝飾日益簡化，包括各種折枝、纏枝花卉和萱草紋，以及水波、魚鴨、人物、嬰戲、犀牛望月等。裝飾手法有刻畫花、印花、彩繪、貼塑等。

這一時期陶瓷器的一個最明顯的特徵是採用砂圈疊燒工藝，在盤、碗類的圓器內底出現刮圈露胎現象。金代定窯的白瓷釉色乳白，其有紋飾的精品仍用覆燒法燒製；而無紋飾

金　鈞窯碗

的粗品則採用砂圈疊燒工藝燒製，因此盤、碗類器物內底均會有澀圈（無釉的一圈）。鈞窯的器物胎體呈灰色，質地比較緊密，但器形遠不如宋代鈞窯時期規整。其釉面也已沒有「蚯蚓走泥紋」，少潤澤而有開片，有的還帶有小墨點或暈斑。

　　耀州窯瓷器釉面也已失去宋代耀州窯青瓷釉面翠綠、肥厚的特點，變得薄而不潤澤，釉色薑黃濃烈。裝飾手法以印花為主，刻花和浮雕已少見。其紋飾也越來越簡單，由宋代器外滿飾花紋變成僅在器內刻印花紋。

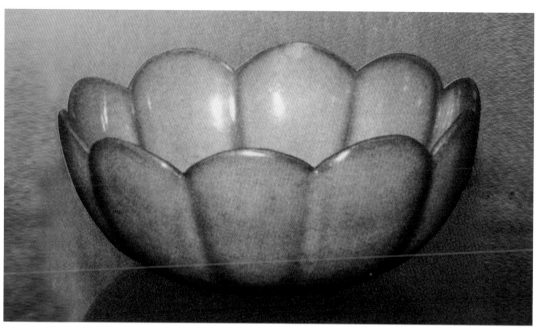

金　鈞窯蓮瓣洗

金　鈞窯鼓釘紋洗

典型的紋飾有落花流水、犀牛望月。此外，還有嬰戲牡丹、折枝花卉等，同時，在碗盤類器物的內底部也有砂圈疊燒而形成的澀圈。

蕭窯

　　蕭窯位於安徽省蕭縣白土鎮，始燒於晚唐，興盛於金代。晚唐時期蕭窯生產的瓷器器形、釉色與壽州窯黃釉瓷相似，進入宋代以燒製白瓷為主，金代則生產白瓷和白釉黑花瓷器，主要是受定窯和磁州窯影響。蕭窯瓷器胎骨厚重，胎質粗糙，胎色有焦黃和灰白兩種。施釉前先塗一層白色化妝土。蕭窯瓷器白釉呈乳白色，不透明。器形主要有碗、缽、盂、盤、枕、瓶、罐及小件玩具，如騎馬俑、雞、狗、青蛙等。還有佛像、佛磚、建築用的彩瓷瓦當等。其中底足寬而邊淺、口徑大而壁侈張的碗，是當時比較特殊的造型。蕭窯瓷器採用托珠支燒，在金代窯場中比較少見。

金　蕭窯白地褐彩「仁和」四繫瓶　　　　　金　蕭窯白地褐彩「太平館」四繫瓶

金　蕭窰白地褐彩碗

金　蕭窰白釉鉢

第八章
元代陶瓷器鑑定與欣賞

一、元代瓷器的基本鑑定特徵

元王朝是由蒙古族建立起來的政權，存在的時間不足百年。但大一統局面的出現，給中國歷史帶來了深遠的影響。在陶瓷的發展史上，元代也是一個承前啟後的極其重要的時期。

元代瓷業的發展

元代瓷業生產出現了許多新變化和新面貌，特別是景德鎮成為全國製瓷業的中心，除生產傳統的青白瓷以外，還成功地燒製出青花、釉裏紅、卵白釉、鈷藍釉等瓷器新品種，為明清兩代製瓷業的發展和提高奠定了雄厚的基礎。景德鎮窯的工匠們在製瓷工藝上有一系列的突破。

首先是發明了在瓷石中添加高嶺土的「二元配方」技術，瓷器的燒製溫度也比以前大大提高，保證了瓷器不發生變形，因而能夠燒製出效果非常理想的大型瓷器。其次是青花、釉裏紅燒製的成功，使中國繪畫技巧與製瓷工藝釉下彩的結合更趨成熟。最後是瓷器中顏色釉燒製成功，高溫燒成的卵白釉、紅釉和藍釉，是熟練掌握各種著色劑特性的標誌，從而結束了元代以前瓷器的釉色主要是仿玉類銀的青色、青白色等局面。

元代瓷器的裝飾工藝

元代瓷器的裝飾工藝也非常豐富，瓷器上的彩繪裝飾成為主流，色彩華麗、紋飾工整，具有熱烈的氣氛，更加符合人們的欣賞習慣。其他裝飾手法如刻花、畫花、印花等，都退居次要地位。南北各地窯場也都根據產品的胎、釉特徵的不同，採用多種多樣既美觀又實用的裝飾手法。

元代瓷器的造型

元瓷造型繁多，厚重細薄並存，大型器皿端莊質樸，小型器物清秀雅致。常見的器物有罐、瓶、執壺、盤、碗、匜、高足杯、爐等。

罐的形制可以分兩類，一為直口，溜肩，腹部以下內收，平底；另一類為侈口，直

頸，溜肩。有的罐在肩與腹之間貼雙獸耳，平底或矮圈足。還有的罐有蓋，蓋頂飾獅紐。

梅瓶為小口，較高，肩部豐滿，底部瘦削，不帶蓋或有蓋。玉壺春瓶的造型多襲宋製，敞口，頸部瘦長，腹呈橢圓狀，圈足微外撇。還有一種頸部較短而粗、腹部肥大的形製，是元末明初的產品。元瓷中的八方梅瓶、多棱玉壺春瓶都是典型的器形。

執壺以玉壺春瓶為壺身，流與柄兩側對稱貼附在腹上。有的流和頸之間連以「S」形飾物，有的帶蓋。

碗常見有敞口和斂口兩種，敞口式的深腹，小圈足，足內無釉；斂口式的口沿內斂。

高足杯是元代瓷器中最流行的器形，杯口微撇，近底處較豐滿，承以上小下大的高足或竹節高足。

盤的造型大多為折沿，分菱花式口和圓口兩類，圈足，砂底。另有一種小型薄胎盤，折沿，平底無釉。

元　青花八棱象耳瓶

匜也是元代瓷器中常見的一種器物，其基本形製為淺式，一邊帶流，流下裝飾一小圓系，平底。

僧帽壺和多穆壺是元代創新的壺式，具有強烈的少數民族風格，是存放奶液之類液體的盛儲器，明清兩代仍有燒造。

元代瓷器還有葫蘆瓶、象耳瓶、四繫扁壺、戟耳瓶、蒜頭瓶、雙耳三足爐等。

二、元代景德鎮瓷器

（一）青花瓷器

元青花瓷的胎與釉

元代瓷器的最大成就是景德鎮窯工匠燒製成功的青花瓷。青花瓷是釉下彩的一種，它是用含鈷的礦料在瓷器胎體上直接進行描繪後，再罩上一層透明釉，經過高溫燒製而成的瓷器。這種青花瓷器的裝飾工藝具有色調明快素雅大方、不易損傷彩色的特點。

青花瓷器真正成熟並大量出現是在元代中晚期。景德鎮地區的元青花採用瓷石加高嶺土的「二元配方」法，胎泥的精選和原料加工水準以及胎質的瓷化程度都得到了提高。但也有一些大型器物的胎土稍粗，胎色不夠潔白，小型器物反而能顯出精緻。景德鎮元青花的釉，色白微青，光潤透亮，屬於青白色的透明釉，但釉面的厚度不盡相同。釉厚的地方呈鴨蛋青色，釉薄處呈淡黃白色。元青花瓷器使用進口與國產兩種鈷料。

元代的「至正型」一類大件青花器大多採用進口鈷料蘇麻離青，其含鐵量高，含錳量低，釉面深藍，濃重豔麗，在積釉處有明顯的藍黑色斑點，伴隨一些釉面下凹且有透入胎骨的痕跡，出現閃爍如鉛的錫光。同時，紋飾線條周邊稍感暈散模糊，這些就是蘇麻離青料特有的呈色效果。國產料含錳量高，含鐵量低，色澤藍中帶灰，沒有或者只有少量黑色斑痕，一般用於元青花中的小件器物。

元青花瓷的造型

元青花瓷器主要有罐、梅瓶、長頸瓶、執壺、葫蘆瓶、高足杯、玉壺春瓶、扁壺、盤、碗、豆形洗、三足爐、匜、盞托、連座器等。

元青花瓷器的造型異常鮮明，大多質樸端莊，突出的特點是出現了胎體厚重、高大的器形，如大盤、大罐、大瓶、大碗等，也就是體型巨碩的所謂「至正型」青花器，同時也有輕薄秀美的器物，這充分反映了元代瓷器的時代風貌。

元青花瓷的裝飾方法

元青花瓷器的裝飾方法是以釉下鈷藍彩繪即白地青花繪彩為主；同時還有一種是青花拔白，即以藍料作底色或是輔助花紋，而主題圖案則直接採用白瓷來體現。這種類型的裝飾，在元青花的大盤、大碗等器物上均可見到。元青花瓷器中還出現了印花和青花兩種裝飾同時用於一器的現象，器物的紋樣是先印花，再用鈷料塗繪而成。

除彩繪裝飾外，元青花瓷器還有鏤雕、堆貼等裝飾手法。

元至正十一年　青花龍紋象耳瓶

元　藍釉白花盤

元青花瓷的圖案紋飾

元青花瓷器的紋飾題材廣泛，構圖新穎。大型器物的紋飾一般繁複飽滿，圖案嚴謹，層次繁多；小型器物的紋飾則簡潔疏朗，活潑自然，主題突出。

紋飾主要有以下幾個方面：植物類如牡丹、蓮花、菊花、松竹梅、石榴花、番蓮、牽牛花、山茶、海棠、瓜果、水藻、芭蕉、靈芝等；動物類有龍、鳳、鶴、雁、鴛鴦、孔雀、山雞、鹿、麒麟、獅子、魚、海馬等；歷史故事類有蕭何月下追韓信、周亞夫屯軍細柳營、蒙恬將軍、昭君出塞、三顧茅廬、西廂記、薛仁貴、呂洞賓以及各種仕女等；輔助紋飾有山石、捲草、蓮瓣、回紋、如意雲肩、水波、錢紋、浪濤、梔子花、雜寶等，其中雜寶紋一般在瓶罐類肩部或脛部的蓮瓣邊飾內出現，有火珠、犀角、法螺、法輪、寶杵、古錢、方勝、銀錠、盤腸等。

一般典型的元青花瓷器圖案裝飾層次較多，器身上有八九層花紋，多者可達到十二層花紋。元青花瓷器的紋飾比較注重寫實，例如牡丹紋飾，有正側、俯仰、向背等各種形態；魚藻紋中的魚有具體的品種，如鯰魚、鯽魚、鯉魚等。甚至連水藻、浮萍也都畫得細緻入微。元青花紋樣的畫法還有一些獨特之處，繪畫中鋒用筆，酣暢有力，可見到運筆痕跡，筆觸整體而不碎。

龍紋形象為小頭、細頸、長身、尖尾、鷹爪，肩披火焰，龍爪一般以三爪或四爪為主，少見五爪；鳳紋中的鳳頭似鸚鵡頭；蓮花瓣很尖，呈麥穗狀，有的在瓣尖上點塗一筆濃料，有的在瓣中央點塗；牡丹紋花大葉也大，葉尖多有轉折；纏枝蓮的葉呈半圓的二或三節葫蘆狀，有的花心畫成石榴狀；蓮瓣紋邊框均有青花塗抹之粗線，到明代時用細線條雙勾邊框，不再塗抹青料；波浪紋浪頭大，間或有浪花和旋渦，稱「海水江芽」；竹石紋中的竹、枝葉多向上；捲草圖案是一個圈接一個圈，旋轉自如，沒有中心骨線；以花卉、石、竹、芭蕉、瓜藤等組成的盤心紋樣，元以後罕見。

元青花瓷器中的小件器物，多用折枝菊和纏枝菊作為裝飾。

（二）釉裏紅瓷器

釉裏紅瓷器的特點

在青花瓷器出現的同時，元代景德鎮窯的工匠們還發明了釉裏紅瓷器，使得青花和釉裏紅這一對彩瓷奇葩交相輝映。釉裏紅也同青花一樣屬於釉下彩裝飾的一種，以氧化銅作為著色劑在瓷胎上進行構圖繪畫，然後施以透明釉，在高溫下一次燒成。釉裏紅和青花瓷的製作原理完全一樣，只是青花瓷以鈷藍料來繪畫，而釉裏紅改為銅紅料。

釉裏紅的出現可以上溯到唐代的長沙窯。釉裏紅的銅料對高溫窯內氣氛的要求比青花更嚴格，元代景德鎮窯的窯工們對釉裏紅的燒製技術還沒有完全掌握，因此燒成純正顏色的難度很高，經常呈現或淺或黑的現象，而且很不均勻，紋飾線條也多見暈散。元代釉裏紅瓷器主要有盤、碗、盒、高足杯、匜等小件器物，也有蓋罐、瓶、爐等大件器物。

元　青花釉裏紅蓋罐

元　釉裏紅開光花鳥紋蓋罐

釉裏紅的裝飾方法

釉裏紅瓷器的裝飾方法有四種。一是在瓷胎上用線條描繪各種不同的圖案花紋，這是釉裏紅瓷器最主要的裝飾方法。二是釉裏紅拔白，即在白胎上留出或者刻畫出圖案花紋，其他空餘處塗抹銅紅料。三是釉裏紅塗繪，即用銅紅料塗繪出一定的圖案花紋。四是青花和釉裏紅出現在同一件器物上，也就是同時用鈷料和銅紅料描繪彩色，燒成青花與釉裏紅的圖案。

元代的釉裏紅瓷器流傳至今的數量非常稀少。安徽省博物館所藏的釉裏紅蓋罐，可謂彌足珍貴。罐的造型古樸端莊，釉裏紅的顏色呈暗紫紅色，所繪主體紋飾為四個菱花形開光，內畫「池塘鴛鴦」「鳳戲牡丹」兩組圖案，輔助紋飾有蓮瓣紋、古錢紋、捲草紋和雲朵紋等。畫面構圖嚴謹，工匠技法嫻熟。釉裏紅色彩華麗，顯得熱烈、喜慶，符合中華民族的傳統習慣，一直受到人們的廣泛歡迎。

元　紅釉鳳紋瓶

元　釉裏紅鳳紋瓶

（三）卵白釉瓷器

卵白釉與樞府瓷

元代景德鎮燒製的卵白釉是指胎體比較厚重，胎色潔白，釉色白中微青，近似鵝蛋顏色，釉層也較青白釉厚實，呈現乳濁不透明狀，無玻璃光亮的瓷器。元代中央機構樞

元卵白釉葫蘆形執壺

密院在景德鎮定燒的卵白釉瓷器，常印有「樞府」銘文，因此，人們常常習慣地把卵白瓷稱作「樞府瓷」。但是，樞府瓷並不全是元代宮廷官府所專用，也有民間商品瓷和外銷瓷。

樞府瓷的特點

樞府瓷是元代景德鎮窯為滿足上層統治者需要，對青白瓷的釉色加以改進而形成的新的釉色品種。其主要做法就是努力降低青白釉中鐵的含量，提高釉的白度，向卵白瓷發展，到明代初期生產出了甜白瓷。樞府瓷常見的形制有盤、碗、高足杯、執壺等，極少有大件器物出現。盤為淺圓形，碗的造型主要有兩種，一種是小足，平底，敞口，深腹，折腰，俗稱「折腰碗」；另一種是敞口外撇，深腹，下腹部圓鼓，小圈足。高足杯足部較矮，上下粗細相差很小，足部外撇，與足部相比，杯體較大，深腹，狀如小碗，故又稱為「高足碗」。總體來說，樞府瓷圈足較小，足壁厚，旋削得很規整，足內無釉，足部底心有乳釘狀凸起。樞府瓷器採用鋪沙渣的墊餅仰燒方法燒造。

樞府瓷的裝飾

樞府瓷的裝飾大多為壓模印花，圖案花紋主要為纏枝蓮、菊瓣、雲龍、雲鳳、雲鶴、

孔雀、牡丹等。在盤、折腰碗一類器物上，內壁印花中間往往印有對稱的「樞」和「府」楷書銘文，還有「太禧」「福祿」等，即為官府定做瓷器的機構簡稱或吉祥語。這些器物的圖案花紋和文字線條均為凸起的陽線，但施白乳濁色釉後，顯得不太清晰。樞府瓷的裝飾還有戧金、露胎貼花以及卵白釉青花、卵白釉紅綠彩等。

元　卵白釉折腰碗

元　卵白釉「樞府」款印花盤

（四）鈷藍釉瓷器

元代景德鎮窯燒製的單色釉瓷器中，還有鈷藍釉這一新品種。鈷藍釉屬高溫石灰鹼釉，其中摻入適量的天然鈷料作為著色劑。石灰鹼釉的特點是在高溫下黏度比較大，可使鈷藍釉面濃淡均勻，釉層厚實，因而能獲得一種柔和雅致的藝術效果。鈷藍釉瓷器的造型有碗、盤、匜、梅瓶、高足杯、膽式瓶、三足爐等。裝飾方法有鈷藍釉金彩，就是在燒成的藍釉瓷器上用金粉描繪紋飾，然後再入爐烘烤而成。

還有一種是藍釉地白花，它的特點是藍白相映，對比生動。如元代的藍釉白龍梅瓶，便是一件難得的藝術瑰寶。

元　藍釉膽瓶　　　　　　　　　　　　　　　　　　　元　藍釉白花紋瓶

三、元代其他主要窯場瓷器

（一）河南鈞窯瓷器

河南鈞窯以禹縣為代表在北方廣大地區形成一個窯系。元代鈞窯瓷器胎質粗鬆，釉面多棕眼，光澤度較高，釉色有天藍、月白等，以月白色為最多，不見了紅紫變化的玫瑰紫

和海棠紅釉色。在一些藍釉或月白釉器物上，能見到大塊的紅斑，像貼上去似的，顯得非常生硬。器物施釉不到底，圈足內外無釉。

元代鈞窯生產的瓷器多為民間日常用品，有碗、罐、盤、瓶之類，還有少量執壺、枕、梅瓶、高足杯、三足爐等，已不見了宋代鈞窯的盆、奩、洗、尊等陳設器物。

元代鈞窯瓷器的裝飾主要有兩種方法：一是紅斑裝飾，即是在器物上塗銅料，經高溫還原後出現紅色；二是堆貼花裝飾。由於鈞窯瓷器的釉厚且乳濁，採用堆貼裝飾效果最佳。

元　鈞窯鏤空座雙耳瓶

（二）河北磁州窯瓷器

河北磁州窯的產品以白釉黑花器為主。最典型的器形是白地黑花大罐和四繫瓶，具有碩大、渾圓、厚重的特點。大罐直口，鼓腹，斂足。罐的內壁往往全部塗成黑色，罐外則是白地黑花。器腹紋飾常見的有龍、鳳、人物故事、花卉、雲雁、捲枝、波浪等，也有的只題寫詩句。四繫瓶腹部圓鼓，四個寬扁的繫豎立在頸部，器內也常施黑釉，器外上半部分施白釉，下腹部施黑釉。在白釉部分常題有墨書字句或者詩文。筆者曾見到一個題有

「酒海」兩字的瓶，應是個盛酒的容器。

元代磁州窯的產品還有大盆和瓷枕等，盆的內壁繪魚藻紋飾，稱為「魚藻盆」。這時的瓷枕尺寸也很大，大多在40公分以上，枕面及兩側繪花卉、人物故事圖案，也有的題寫詩詞文字，枕底常有「古相張家造」「張家造」等作坊戳印記號。

元代磁州窯的裝飾方法是在白地黑花上加以變化，比如在白地黑花上再添加棕色，使色彩更加豐富。還有在黑花之上不再施一層薄而透明的玻璃釉，而是塗上一層孔雀綠釉。由於孔雀綠釉燒製溫度不高，器物釉面往往容易開片剝落。另一種是用黑花繪畫後，在細部刻畫紋飾，最多見的是在器物腹部繪雲龍、雲鳳、雲雁、人物等圖案。

元　磁州窯白地黑花嬰戲圖罐

(三)山西霍窯瓷器

霍窯在今山西霍縣陳村一帶，即文獻中記載的「元朝戧金匠彭鈞寶效古定器，製折腰樣者甚整齊」的「彭窯」。它創燒於金而盛於元，主要生產品種為仿定窯白瓷，也燒造少量白釉黑花瓷。

霍窯白釉胎土細膩，釉色潔白，很像定窯瓷器。器形有仿定窯折腰盤、洗、盞托、高足杯、蓋罐等，製作比較規整。白瓷中光素無紋飾者居多，少量器物有印花裝飾。

霍窯瓷器由於胎土中含鉛量高，燒成溫度不足時，胎質極脆，用手即可將瓷器折斷。霍窯燒造工藝採用疊燒或支燒方法，有的產品內底有澀圈，有的器物裏外都留下四至五個支燒釘痕跡。其口沿部分均有釉，見不到定窯瓷器中因覆燒而產生的「芒口」現象。

元　龍泉窯青釉漏花洗

（四）浙江龍泉窯瓷器

元代浙江龍泉窯在宋代的基礎上，其規模、燒造工藝和裝飾等生產技術都有了新的發展和提高。元代龍泉窯所燒造的瓷器，主要特點是器形高大，胎體厚重。例如花瓶可以高達1公尺左右，大碗的口徑達到40公分，大盤的口徑更達到60公分左右。

元代龍泉青瓷的新器形有高足杯、荷葉蓋罐、菱口盤、環耳杯、鳳尾尊等。

高足杯的足較短，上下粗細差不多，僅足根微外撇，無竹節形裝飾，足內空心較深，杯的腹部也深。高足杯的杯體與足部是分開製作，然後用釉水粘連，再放入窯內燒製而成的。

荷葉蓋罐整體器形粗矮，蓋子做成荷葉形態，罐體的上半部豐碩圓鼓，下腹部內收，到足部又外撇。

菱口盤又稱蓮花口盤，盤身做成蓮花瓣形狀，盤口也呈蓮瓣形，有八瓣、十六瓣等，盤口外折出平沿，平沿內外均為蓮瓣形狀。內底一般有刻花、貼花等裝飾。其紋飾內容有折枝花卉、纏枝花、桃實圖等。

蔗段洗則是仿照南方洗滌用具木盒的形狀製成，體短，器身做出豎棱，因其外形很像一段甘蔗，故名蔗段洗。

元代龍泉青瓷的盤、碗一類器物底足一般都挖得較深。外底部施釉後，常刮去一圈釉，形成一個露著火石紅的澀圈，因形狀似肚臍，故又稱「臍狀釉」。到了元代晚期，龍

泉青瓷的底部常常不施釉，只是在器底的中心部位旋製出一個乳釘狀的凸起。

　　從釉色上說，南宋龍泉瓷的釉色青綠偏藍，明代龍泉瓷的釉色則為偏黃的草綠色，而元代龍泉瓷的釉色則較為濃綠，釉的透明度也比南宋龍泉青瓷要高得多。

　　元代龍泉窯青瓷的裝飾花紋題材十分豐富，除繼承了南宋的蓮瓣紋、雙魚紋之外，還有龍鳳紋、雲鶴紋以及「福」字、鹿、八仙、八卦、鋸齒、鼓釘、錢紋、銀錠紋、雜寶紋、折枝花、纏枝花、四如意、八吉祥、梅月、戧金等等。此外還大量運用漢字，如「金玉滿堂」「國器」「張」「王」「壽」「仁」等。

　　在元代龍泉窯的青瓷中還常常能見到八思巴文字。裝飾方法有刻、畫、印、貼、堆塑等，並出現過釉下褐色點彩裝飾。其中印花便有陽文與陰文兩種，特別是陰文印花，可以說是元代龍泉窯瓷器的主要裝飾方法。貼花裝飾也有滿釉與露胎之分。

元　龍泉窯青釉環耳瓶

元　龍泉窯青釉荷葉蓋罐

元　龍泉窯青釉高足杯

第九章
明代陶瓷器鑑定與欣賞

一、明代陶瓷器的基本鑑定特徵

明代，我國陶瓷生產飛速發展，達到唐宋元以來的又一個高峰，在中國陶瓷史上佔有顯著的地位。明王朝在江西景德鎮正式設置官窯「御器廠」，燒製專供帝王皇室使用的瓷器。這個時期民窯瓷器的生產也得到迅猛發展，出現了「官民競市」的繁榮局面。景德鎮已牢固地佔據了全國製瓷中心的位置。

明代景德鎮窯瓷器以青花為最主要的產品，還有釉裏紅、五彩、斗彩、顏色釉等各類品種。除景德鎮窯生產的瓷器外，福建德化窯的白瓷、江蘇宜興窯的紫砂器、廣東石灣窯的仿鈞、山西的法華器等產品，都有鮮明的特點，值得我們重視與關注。

明代瓷器的造型

明代早期陶瓷器的造型仍類似元代風格，一般都比較豐滿渾厚，莊重古樸，但器形線條已開始顯出柔和圓潤，並出現一些小巧玲瓏的日用器皿，如永樂青花壓手杯等。到明代中期成化、弘治時期，瓷器造型基本上擺脫元代那種粗大厚重的風格，趨向於輕巧灑脫。明代晚期生產了很多大型瓷器，與成化瓷器相比，胎骨似乎厚且重。

在明代，琢器都較厚重，那時圓器的胎體也較清代的分量重。明代早期的永樂、宣德年間，盤、碗類圓器的內壁製作非常規整，俗稱為「淨裏」。其他時期的這類產品，器物內壁製作就欠規整，有凹凸不平的感覺。瓶、壺、罐一類的琢器，其坯體都是分段製造後再拼接成的，往往器物腹部留下兩層或多層拼接的痕跡。在明代早、中期，這種接痕由於比較注意修胎而表現得很輕微。但到明代晚期，民窯器物胎體拼接痕跡十分明顯。碗、盤一類器物的圈足，元代時期比較小，給人一種不穩定的感覺。明代時期都比較大，圈足的形狀多為外削內斜式，圈足底部摸上去有鋒棱，向內收緊。明代高足杯的足部也外撇，改變了元代足部接近垂直的做法。永樂、宣德大盤均為質地細膩、滑潤的白砂底。

明代早期和晚期的盤、碗圓器足底，常有塌底、沾砂等，到了末期更為嚴重。明代瓷器的底足、口沿等露胎地方，多有火石紅的現象，又稱「黃衣」。

明代景德鎮窯瓷器的釉面

明代景德鎮窯瓷器特點是釉質肥厚滋潤。青花瓷器的釉面不夠白，呈一種白中泛青的青白色，名為「亮青釉」。其釉面除宣德時期出現橘皮紋外，其他各朝大多勻淨平整。在釉彩方面，明代景德鎮窯已可以生產鮮紅的高溫銅紅釉瓷器，還燒成了低溫「嬌黃」的黃釉瓷器，以及發明了斗彩、五彩、三彩等彩瓷，可謂異彩紛呈。

明代瓷器的裝飾手法

明代瓷器的裝飾手法很多，彩繪是最主要的裝飾方式。圖案的紋樣有人物紋、植物紋、動物紋以及佛教、道教繪畫和梵文、阿拉伯文字等。明代瓷器彩繪往往是用一種或幾種動物、植物為主題，以其他紋飾輔助構成完整的圖案。比如明代早期的青花瓷器中，常見用牡丹、菊、蓮、靈芝、花果以及宣德時盛行的牽牛花等作為主題花紋，並配以蕉葉、如意雲頭、纏枝蓮、仰蓮或覆蓮等輔助紋飾構成的圖案。動物紋有龍、鳳、孔雀、獅子、麒麟、海馬、鴛鴦、魚、鷺鷥等。

明代瓷器的龍紋形象是怒發向前衝，豬形嘴，雙眼畫在同一側成為「比目眼」，鷹爪，爪部團成圓形。其早期龍紋形體粗壯肥大，龍體左盤右旋，威武兇猛。中期的龍紋多為行走的姿態，稱「游龍」，已失去張牙舞爪的兇猛犀利，變成一副溫順的神態。晚期的龍紋畫得簡單草率，顯得瘦弱蒼老，有的還把龍鱗處理成網格式紋樣。明代崇尚火德，故在龍、獅身邊及其身上多帶有火焰紋。明代瓷器上的「八寶」圖案，為法輪、法螺、寶傘、白蓋、蓮花、寶瓶、金魚、盤腸，是佛家常用的象徵吉祥的八件器物，稱為「八寶」或「八吉祥」。到了明代晚期，道教也有較大發展，嘉靖以後瓷器畫面上盛行八仙圖，主要有八仙過海、八仙捧壽、暗八仙（又稱「道家八寶」，指八仙手持的八件法器，分別為漁鼓、寶劍、花籃、荷花、葫蘆、扇子、陰陽板、笛子。因只有神仙所執器物，不直接出現仙人，故稱「暗八仙」）等圖案。仙山瓊閣紋樣在宣德到正德一段時期常見，一般作為人物故事畫的背景出現。明代嬰戲紋在正德、嘉靖、萬曆時期最為風行，嘉靖以後所畫兒童形象，頭部很大，後腦凸，不成比例。

明代景德鎮窯瓷器的款識

明代景德鎮窯瓷器出現官窯款識始於永樂年間。永樂官窯採用本朝年號款識還比較少，到宣德時期就開始多起來了。人們總結出來的規律為「永樂款少，宣德款多，成化款肥，弘治款秀，正德款恭，嘉靖款雜」。一般官窯款識格式為「大明某某年製」，成化、正德時期亦有少數寫「造」字款識，隆慶官窯多寫「大明隆慶年造」。民窯款識，多隨意草率。到了明代晚期，景德鎮民窯製瓷業大發展，民窯器的款識更是多種多樣。常見有「大明年造」等年代款，有「博物齋藏」等堂名款，還有「福壽康寧」吉語款，等等。

明代瓷器的生產分期

明代的瓷器生產，通常大致可以分為早、中、晚3個時期。
早期：洪武、建文、永樂、洪熙、宣德5個王朝，共計68年。

中期：正統、景泰、天順、成化、弘治、正德6個朝代，共計86年。

晚期：嘉靖、隆慶、萬曆、泰昌、天啟、崇禎6個朝代，共122年。

　　整個明代先後有17個皇帝在位執政，共經歷276年。其中建文、洪熙、泰昌3個朝代較為短暫，瓷器燒造面貌還不太清楚，有待更多實物研究。

二、明代景德鎮窯瓷器

(一)明代早期瓷器

明代早期有洪武、建文、永樂、洪熙、宣德五個朝代。

1.洪武瓷器

　　洪武瓷器的造型　洪武瓷器在造型上有元代遺風。器物胎體仍較厚重，形體上仍然比較質樸莊重。盤碗類圓器中撇口式常見，這種形制器物中腰以下胎體較厚重。同時還流行折腰碗、墩式碗。底足有多種式樣，常見的有圓渦形厚底足、高足、外撇裏斜削式圈足等。底足中心呈乳釘狀凸起，繼承了元代器足形式，也是洪武時期器足處理的主要手法。碗類內心留有疊燒墊餅痕跡，也與元瓷相同。青花碗之類，底面無釉，圈足較高。有的挖足過肩，碗底常留有削痕以及同心圓形跳刀痕。

　　洪武官窯瓷器因淘洗較細、火力較高，瓷化程度也高，基本具備了堅緻細白的特徵。

明　洪武　青花牡丹唐草紋水注執壺

民窯瓷器胎土淘洗不細，燒窯時火力也不足，胎體常含雜質，呈淺灰白色或淺土黃色。

洪武瓷器的釉面　洪武瓷器的釉面與元代的相似，為青白色。釉質較厚，清雅柔和。有些釉面有無色的細碎冰裂紋。圈足露胎處有一圈火石紅。不施釉的足底常有橙紅色。施釉的圈足底面釉色常與器身釉色不夠一致，特別是民窯器物，圈足的底面釉色失透泛紅。

洪武青花的色調比較穩定，很少有流散現象。洪武早期的青花色澤並不濃重，清淡雅致；到中後期，則逐漸出現濃重暈散現象。上海矽酸鹽研究所化學測試表明，洪武時期也使用了進口蘇麻離青料，該進口料應是從元代以來一直沿用至永樂、宣德時期，只是洪武時期青料的提煉不夠或與燒造溫度和氣氛有關。

此時釉裏紅數量較多，而且燒造質量很高，釉色多為紅中略泛灰色，或紅中泛灰黑色，部分器物有暈散現象，裝飾也由元代塗繪、留白改為以線繪為主。

洪武時期的顏色釉有紅釉、月白釉、青白釉、黑釉、醬釉、藍釉、孔雀綠釉等，還流行內外不同的兩種色釉。

洪武瓷器的紋飾　在紋飾方面，洪武瓷器也存有元代瓷器的遺風。總體風格上更流暢灑脫，更野逸奔放。洪武官窯龍紋的形象仍類似元代畫法，但不如元代的龍兇猛；流雲的雲腳比元代縮短，盤中心出現三朵流雲呈「品」字形排列，這種排列法一直延續到明代中期。元代青花瓷器主體紋飾中的大花大葉，到洪武時期已變得瘦小。元代纏枝蓮的葉子為葫蘆形，而洪武時已縮小變成螺絲狀。這一時期民窯青花瓷器紋飾是中鋒點畫用筆，無複

明
洪
武
　
釉
裏
紅
菊
芯
紋
玉
壺
春
瓶

筆，即「一筆勾畫」。邊飾多用二方連續簡單幾何形圖案。器心內常有草書的「福」字或繪畫蘭草、松、竹、梅及馬、熊、貓等動物紋，器外常繪雲氣紋。紋飾佈局一改元代的滿密為疏密有致，以纏枝或折枝牡丹、扁菊花、蓮花、茶花、芙蓉花為主，扁菊花在洪武時最為流行，由元代大而圓的形狀變化為橢圓形。印花與青花同施於一器的裝飾工藝，在洪武瓷器上仍然繼續使用。

2. 永樂瓷器

永樂瓷器的造型　永樂瓷器造型清秀新穎，厚薄適度。永樂時大件器皿一般圈足較矮淺；碗盤底心略外凸；大盤砂底細潤，足牆外較直。永樂瓷器修胎工整，琢器胎體接痕不明顯。主要器形有杯、碗、盤、瓶、壺、罐、盆、尊、燭臺、爐、漏斗等。器形豐富多樣，除傳統造型外，有些器物明顯受中亞地區伊斯蘭文化的影響。

壓手杯為永樂青花瓷器中最傑出的作品，撇口，折腰，砂足，胎骨順口沿向下逐漸加厚。突出特徵是足底邊緣有微凸的一線。杯托於手上可切合虎口，穩重適度，故稱「壓手杯」。其外壁口沿繪小朵梅花，外腹部繪八朵纏枝蓮。杯內心分別有三種圖案，即雙獅滾繡球、鴛鴦、團花。在這些紋飾中心寫有「永樂年製」四字篆書款。

碗類有雞心、臥足、墩式、高足、斗笠、葵瓣口、撇口、收口等樣式。雞心碗為敞口，腹深足小，碗底心有雞心狀凸起，外口沿繪回紋，器身繪菊瓣紋，內口繪波浪紋，內

明永樂　青花花卉紋八角燭台

心繪折枝花果紋。臥足碗為敞口，器底心向下凹陷，外壁繪有青花纏枝花紋，口沿寫有「感謝主賜福」之類阿拉伯文字。葵瓣口碗的口為六瓣葵花式，腹部略有弧度，淺圈足，胎體極薄，多為白釉瓷器，器內壁暗印花紋，內心刻、印篆書款，清代康熙、雍正時常仿此類器物。

盤類有收口式大盤、撇口式盤和菱花口式盤等種類。撇口式盤線條流暢，胎輕體薄，口邊有鋒利感。永樂時碗盤類的撇口器口沿一般比較尖細，是鑑定的依據之一。

瓶類有梅瓶、玉壺春瓶等。永樂時期梅瓶肩部豐滿圓潤，腹下部較開闊，有白釉器和青花器兩種。有的白釉梅瓶帶青花蓋，肩部書「內府」兩個字。玉壺春瓶為撇口，頸部細長，下腹部較豐滿。扁腹綬帶葫蘆瓶又稱「抱月瓶」「寶月瓶」，有白釉器和青花器。大圓扁腹，葫蘆頸細長，底足較小，腹部繪輪花或龍紋。

壺類有梨壺、執壺、僧帽壺、扁平大壺、無柄壺等。僧帽壺為圓腹長頸，流似鴨嘴，扁形把手，其上口唇類似僧人帽子，故名之。無柄壺為捲唇，壺體為玉壺春瓶形狀，須彌座式底足，流細長，無把手，此壺為淨手器。

尊類有：漁簍尊，狀如漁簍，造型扁圓，弧形圓底，底部有一圈露胎。器上繪青花纏枝蓮、菊花等紋飾。無擋尊，器身為直筒形，上下各有喇叭口形寬沿，通體繪青花，在纏枝花紋上寫阿拉伯文字。

罐類有帶繫罐和無繫罐。帶繫罐分為三種，一是直口，豐肩，罐身較高，下腹部斜內

明永樂　青花花卉紋雙耳扁壺

收，廣平底，肩部有三四個小繫，多為白釉器。二是小蓋罐，小口，豐肩，肩部有很小的雙繫。廣平底分有釉與無釉兩種。蓋上有寶珠形紐。常見白釉器或青花器。三是蓋罐，器身矮肥，口徑大。蓋頂部微突起，無紐。肩部有三四個小繫，繫孔細小。廣平底無釉。無繫罐為無繫無蓋，直口短頸，溜身，器身矮圓，廣平底無釉，器身繪青花紋飾。

折沿盆為永樂新創的器形。侈口，口沿以下內折，平底，僅見青花器。

花澆為直口，扁圓腹。把柄飾以龍形，青花裝飾一般是頸部繪海水紋，腹部繪纏枝蓮，近底繪蕉葉紋。

八方燭臺的上下兩層均為八角形，有白釉和青花器。

永樂瓷器的胎與釉　永樂時期瓷器在製胎時特別注意淘煉瓷土，故胎質細膩，胎色潔白。由於胎體堅硬程度不夠，故大型器物少見。較大的器物如盤罐類的細砂底，摸上去有光滑濕潤之感。永樂瓷器的胎體一般比較輕薄，但也有厚薄之分。琢器和一部分圓器如墩式大碗，胎骨就比較厚。而多數圓器如碗盤，胎體都比較玲瓏輕薄，有的薄胎器已近脫胎的程度。此外，永樂瓷器還有一種漿胎，其燒結不足，胎質較鬆，胎色微黃，用手指彈擊聲音沙啞，常見有紅釉器和青花器。

永樂瓷器的釉色品種　永樂瓷器的釉面肥厚、細膩、光潤、平淨。釉色品種可分為釉下彩、釉上彩及一色釉三大類型。

釉下青花：永樂的青花瓷採用蘇麻離青色料，青花色澤絢麗，在線條中常有鈷鐵的結晶斑點，呈現暈散現象，濃重處有錫光，甚至下凹深入胎骨。青花器的釉面為青白色調，也有較潔白的。

釉上金彩：永樂金彩品種有青花加金和紅釉加金兩種。現存器物的金彩大多已脫落，但仍遺留有紅斑，證明永樂金彩的成色。

一色釉：品種有甜白、鮮紅、影青、翠青、冬青、藍、黃、黑、孔雀綠釉等。甜白釉的釉質潔白瑩潤，肥厚如脂。釉面光澤無棕眼。釉層可分薄厚兩種。薄釉施於薄胎器，施

明 永樂　紅地白龍紋高足杯

明永樂　青花花卉紋僧帽壺

釉不淌，足邊沿釉面如截削般整齊。厚釉施於厚胎琢器類，釉面肥腴凝厚，有的釉面不平，側視之如雲層堆垂。永樂甜白釉瓷器迎光透視，胎釉均呈現肉紅色；同時，器物積釉處常閃灰青色。白釉還流行印花和刻花裝飾。永樂瓷器中鮮紅釉十分珍貴。其釉面多數均勻透亮，釉色鮮紅如雞血初凝。個別的釉質伴有黑色小點或血絲狀紋。鮮紅釉器物口邊有一圈淡青白色「燈草口」，圈足端微呈蝦殼青色。薄的漿胎紅釉器釉面開片，底部更甚。有通體施紅釉的，也有外壁施紅釉，內為白釉的。影青釉胎體的透影性強，釉質肥潤，釉面淺淡。翠青釉釉色青翠如嫩竹，器身色調上淡下濃。釉面玻璃質感強，垂釉嚴重。冬青釉釉質肥厚，釉色青綠，又稱「仿龍泉」。

　　永樂瓷器的圖案紋飾　永樂瓷器的圖案紋飾以青花繪畫為主，此外還有畫、刻、印、雕塑等手法。永樂時青花紋飾摒棄元代繁縟的畫風，形成清新自然、疏朗秀麗的風格。由於蘇麻離青料易於暈散，故永樂青花瓷器很少繪畫人物，多畫龍、鳳、獅球、朵雲、鴛鴦、喜鵲、菊花、蓮花、松竹梅、牡丹、海棠、枇杷、石榴、萱蓿、芭蕉、竹石、海水紋、回紋、半錢紋、方勝紋、忍冬紋、嬰戲紋等。永樂年間的纏枝蓮花大葉小。龍紋中龍的上顎向上翻捲似象鼻，五束長髮向後上方作波浪狀飛起。四足粗壯，一般為向後的三爪。有的龍身上帶雙翼。這一時期紋飾的畫法，仍為一筆勾畫法。

　　永樂瓷器的款識　瓷器上書寫帝王年號款識始於永樂，但永樂官窯瓷器署款並不普遍。其均為「永樂年製」四字篆書款。字體結構嚴謹，挺拔有力，走筆與收筆處較尖，折角處較圓。以刻款與印款為多見，青花書寫款少見，僅見於壓手杯上，寫於器內底心雙獅滾球上或五瓣花內。

3. 宣德瓷器

　　宣德瓷器的造型　宣德時期為明代瓷器的鼎盛時期，景德鎮製瓷技術迅速發展和提高。宣德瓷器造型總的特點是渾厚凝重。官窯瓷器無論大小件器物，均製作得十分精細講

究。即使是大件，也無笨重的感覺。由於胎質堅硬，生產出很多大件瓷器。同時還新創出許多器形。青花瓷則是其主流產品，青花燒造技術比永樂朝更成熟、穩定。宣德時期常見的器物有梅瓶、玉壺春瓶、盤、碗、杯、碟、匜、罐、洗、壺、四方倭角瓶、無擋尊、天球瓶、花澆和扁腹綬帶葫蘆瓶等。

碗類的器形與永樂年間的類似，但顯得敦厚莊重，品種有撇口、斂口、斗笠、墩、葵瓣、臥足、雞心、盉碗和十棱、高足碗等。盉碗為撇口，折腰，腹下部突起兩道弦紋，帶圓頂蓋。十棱碗通身及圈足作十棱形。高足碗的腹部比永樂器下垂，其足有空心與實底兩種，足跟部微呈喇叭形。

盤類的造型主要有收口、撇口、折沿口三類，其中折沿口盤又可分為菱花口和圓形口兩種。宣德時期青花大盤最具代表性。這些大盤一般為質地細膩、光滑的砂底，也有窩盤現象。

宣德時期的瓶類有梅瓶、玉壺春瓶、天球瓶等。梅瓶有唇口外捲和平口兩種，且有大小之分，均為砂底淺圈足。有的小口外捲梅瓶，溜肩，下腹內收細瘦，底為淺臺階式圈足，青花款寫於底部。玉壺春瓶頸部比永樂同類器物略顯粗矮。貫耳瓶為圓唇口，直頸，豐肩，下腹收斂。頸部有雙貫耳，圈足內呈臺階式底。以後各朝官窯貫耳瓶仿品皆為平底圈足。四方倭角瓶是新的造型，其為圓唇口，長直頸兩側飾以獸耳，方腹折角呈八棱垂狀，深圈足外撇，內臺階式底。

罐類常見的有直口、斂口、撇口等。其底足多樣，有施滿釉的、中心下凹臍形施釉的、臺階式的和無釉略凹平底的。罐類還有肩部出八個平面扳手、蓋頂無紐的蓋罐以及呈高筒狀的壯罐，通身為瓜棱形的瓜棱罐等。此外還有一些較小型的，如鳥食罐、蟋蟀罐等。

壺類有僧帽壺、梨壺等。僧帽壺比永樂時期的頸部開闊，下腹部較為豐滿。梨壺比永樂時期的器形豐滿，有的作瓜棱狀。

花澆與永樂時相比，頸部較長，腹部扁圓，永樂時的龍形柄改為宣德的寬帶式。

石榴尊似石榴造型，通體畫為六瓣形，唇口外捲，圈足外撇，內臺階式底。

菱花式洗為十瓣菱花式，平底，底心微拱起，圈足淺矮。

花盆有海棠花式、菱花式、葵花式、橢圓形等，一般均有托座。

宣德瓷器的胎與釉　宣德官窯瓷器的胎土淘煉極其精細，燒結後堅硬緻密，胎色潤白。同樣大小的器物，宣德器較永樂器重。宣德大件器物較多，這些瓷器的胎較厚，底部為無釉的砂底，處理得很光滑，看不到旋痕。其琢器胎體為分段橫接，接痕較輕，但仔細觀察可以看得出來。壞胎器與永樂時期相同，胎質疏鬆，多泛黃色，並有白色片紋。宣德瓷器的釉面細潤，但表面有一層類似橘子皮般的皺紋，俗稱「橘皮紋」。這是宣德瓷器釉面的最主要特徵。青花器有的釉面在放大鏡下可見到大小氣泡雲集，呈雲霧狀，俗稱「唾沫釉」。

宣德瓷器的釉彩品種　宣德瓷器的釉彩品種如下：

青花：宣德青花瓷器有「宣青」之稱，被認為是明代瓷器的巔峰之作。宣德青花使用了三種色料，即進口的蘇麻離青料、國產料以及進口料和國產料的混合料。進口料發色閃黑藍或深藍，有暈散，並出現結晶斑；國產料發色清淡，但不太穩定；進口料與國產料合

用時，以進口料濃重渲染為主，以國產料輕描為輔。宣德青花瓷器在繪畫時，一改永樂時用料清淡、筆畫纖細的風格，採用重料濃、粗筆道的辦法。因此宣德青花往往比較濃豔粗獷，其濃淡層次也比永樂青花豐富。此外還有青花地白花等品種。

釉裏紅：在宣德時已擺脫了元末明初的那種黑紅、粉紅的色調，形成鮮豔的寶石般的紅色，紋飾的濃淡也運用自如。

五彩：為宣德官窯所創燒，用釉下青花和釉上紅、黃、綠、紫等多種色彩結合。

白釉：不同於永樂的甜白釉，其釉色呈乳白色，釉層較厚，且有橘皮紋。

紅釉：比永樂鮮紅釉色更豐富，其紅色有深、淺、淡之分。深紅者釉質肥厚，釉色黑紅如牛血般，內中氣泡也多，稱「祭紅」；淺紅者，紅色勻淨，釉色有橘皮紋，稱「寶石紅」；淡紅者，釉層較薄且平滑無橘皮紋，釉色粉紅，稱「桃花面」。宣德紅釉器一般口沿處都有一圈白釉，即「燈草口」。器裏施的釉有紅、白兩種，白釉者往往在器裏壁上印暗花，一般為龍紋，由於釉厚，不太容易看清楚。

藍釉：宣德時期是明代藍釉的興盛時期。藍釉釉色類似藍寶石色，深淺不同。深色即藍寶石色，淺色多泛白，釉面均有橘皮紋。同時藍釉器的口沿有一條明顯白色的「燈草口」。器裏施釉有藍、白兩種。

灑藍釉：是宣德時期新創的品種。先在燒成的白釉瓷器上吹一層藍釉汁水，再入窯複燒，形成一種白釉隱約現於藍釉中的斑片效果，故稱「雪花藍」。

黃釉：宣德時期創燒的新釉色。是在已燒成的白釉器上罩一層黃釉，再入窯低溫燒成。釉面肥厚，橘皮紋特徵明顯。

天青釉：亦為宣德時期新創燒的品種。

仿哥釉：為宣德官窯仿宋代哥窯瓷器品種，其釉色酷似真品。有淡青、灰白等色，釉面有開片，但缺乏宋代哥窯的「金絲鐵線」特點，釉面較暗淡且泛油光。

明宣德　青花花果紋大盤

宣德瓷器的紋飾圖案　紋飾以繪在青花瓷器上為主，其主要的時代特徵是意境豪放，筆法流暢，畫風粗獷與細膩兼備。繪畫內容廣泛，常見紋飾有人物、龍、鳳、雲紋、纏枝花、海水紋、魚藻紋、枇杷綬帶鳥、竹石芭蕉、寶杵、回紋、歲寒三友、蕉葉紋、山石圖景、蓮瓣紋等，梵文、藏文和阿拉伯文等也不少。其中人物主要有仕女、嬰戲、仙人騎鳳等。龍紋有雲龍、團龍、海水龍、穿花龍、翼龍等。雲龍比較粗壯兇猛。穿花龍行進在花間。在宣德晚期還出現了龍鳳合璧的畫面，以前從未出現過。宣德時期帶狀邊飾增加了四季花的變化，另外還有海浪紋、朵雲紋、錢紋、折帶紋等多種紋飾。

明宣德　藍地白牡丹紋盤

明宣德　藍地白花花果紋盤

宣德瓷器的款識　宣德瓷器上的款識多。宣德瓷器盛行書寫帝王年號款，有「宣德款識滿器身」之說。宣德瓷器款識有六字款和四字款兩種，多數是楷書款，少量為篆書款。款識書寫部位並不固定，有寫在口沿、肩部、腰部、底部、器裏中心的，甚至還有寫在流上的。留款方法也有寫、刻、印等多種。宣德瓷器的款識一般都比較工整、有力。楷書寫「德」字，其「心」上無一橫，篆書體則有之。

（二）明代中期瓷器

明代中期包括正統、景泰、天順、成化、弘治、正德六朝。

1. 正統、景泰、天順瓷器

這三朝歷時30年，是景德鎮御窯廠的低谷期。由於歷史上的原因，至今未發現這一時期帶有確切紀年款識的官窯瓷器。民窯瓷器的生產情況同樣比較模糊。因此這一時期被稱為瓷器的「空白期」或「黑暗期」，但大量的文獻記載和對景德鎮三期御窯廠的考古發掘證明了三朝官窯的存在。從總體風格上看，正統時期瓷器還保留有宣德瓷器的特徵，而景泰、天順時期瓷器則形成了「空白期」自己的風格，有些特徵為以後成化時期所繼承。

正統、景泰、天順瓷器的胎釉及造型　從胎釉及造型上來看，官窯碗盤類器物的質地仍較細膩，胎體也較輕薄。民窯器物則明顯粗糙，胎體都比較厚重，釉色白中閃青，釉面

明正統　青花纏枝蓮紋梅瓶　　　　　　　　　　　　明景泰　青花人物紋梅瓶

肥潤，具有元末明初風格迴光返照的特徵。醬色口在三朝瓷器上重新出現。正統至景泰前期器物造型多類似宣德後期器物，而景泰後期至天順時期器物則與成化、弘治時期器物相似。正統時期的瓶、罐器口多為直頸形，繼承了宣德時的造型，到天順時期琢器器口採用上收下闊的梯形，與成化的器物相同。三朝琢器一般低足削修得稍感粗糙，多為淺寬平砂底或微內凹的平砂底。在景德鎮發現的大量直徑達一公尺多的正統青花雲龍紋大龍缸標本，體現了這一時期青花瓷器燒造的最高水準。早期青花仍使用進口料，風格接近宣德時期，但大部分時期的青料是國產料，呈藍黑色，有深淺濃淡之分。

正統、景泰、天順瓷器的紋飾風格　從紋飾上來說，正統、景泰瓷器的青花色澤接近於宣德晚期的濃豔風格。龍紋張牙舞爪，但不及宣德龍猙獰。鳳凰畫得較蠢笨，形如鴕鳥。這時畫的孔雀、鳳凰、鶴等鳥類形象都很笨重，頭較大，與身體不成比例。畫法仍用明代早期常見的中鋒「一筆勾畫」，所繪的流雲和人物都很獨特。繪畫內容有龍紋、鳳凰、孔雀、鶴、牡丹、蕉葉、山石、蓮瓣等。而到了天順時期，器物紋飾開始向渾圓纖弱轉變。從內容上看，多鴛鴦蓮荷、山景雲石、人物故事、蕉葉、海水、纏枝蓮、折枝花等。其青花色澤既不如宣德時期的濃豔暈散，也不同於以後成化時期的淡雅輕柔，處於過渡階段，色調變淡，用筆也變細。除仍用「一筆勾畫」法外，出現了先淡描勾輪廓，後平塗渲染的畫法。繪畫人物運筆仍用中鋒。人物畫得不拘謹，線條流暢，加上多施流雲紋，更顯得飄逸瀟灑。

2. 成化瓷器

成化瓷器的造型　成化是永樂宣德以後中國製瓷史上又一個高峰期，製瓷風格較以前有了極大的變化。這一時期生產的瓷器以柔和輕巧、典雅婉約的面貌呈現在世人面前。成化官窯瓷器力求柔美小巧，製作精緻，「成化無大器」便總結了成化時期瓷器的造型特點。器物造型主要有碗、盤、杯、碟、罐等。民窯則大器較多，而且瓷器品質與官窯不相上下。

成化瓷器中造型最著名的有杯和罐。杯有雞缸杯、高足杯、八方高足杯以及撇口式杯、鐘式杯、墩式杯等。這類杯式一般底部為滾圓圈足。「天」字罐為短頸斂口，圓肩，腹略收，廣底，底部有青花楷書「天」字款，無圈欄。器有大小，最大的高11.3公分。

梅瓶口收攏似等腰梯形，溜肩，圓腹下斂，無釉砂底，微有淺圈足。

大盤為撇口，圈足，露胎廣底呈黑褐色，糊米底狀。該盤口徑為38.5公分，是成化瓷器中比較罕見的大件器。

筒爐為斂圓口，深壁，平底，器呈鼓形，三短足。有的器外壁上下部各飾乳釘一周。

盤分為撇口、收口、菱花式。

成化瓷器的胎與釉　成化瓷器的胎質極為細膩純淨。胎體輕薄，修胎非常規整。迎光透視，胎體呈肉紅色。器物露胎無釉的底足，一般有較多的黃褐色或黑褐色斑點，俗稱「糊米底」。釉面肥厚滋潤，光潔無瑕，大多數器物微閃青色、略灰青或潔白。因釉厚，器物上常見垂流痕，同時形成堆積釉現象。

成化瓷器的釉彩品種　成化瓷器最成功就是燒製出斗彩。斗彩是在釉下繪出青花輪廓，入窯燒成後，再在釉上按青花輪廓填入各種彩色，入窯低溫複燒。成化斗彩顏色很豐

明成化　青花海水龍紋盤

明成化　黃地青花花果紋紋盤

富，但不見黑彩，也不用孔雀綠色。其特點是施用比較透明鮮豔的色彩，如紅、黃、紫、綠、藍等。紅彩鮮豔奪目，歷代後仿者難以達到這種效果。黃色有嬌黃、鵝黃、杏黃等色，均嬌嫩透明。綠色有淺淡閃黃的草綠，也有色濃閃青的松綠。紫色有葡萄紫、茄皮紫等。有些紫色濃黑者，釉面上呈現出一種類似於金屬氧化皮的白色，反射出蛤蜊光來。特別是妊紫，表面乾澀無光的暗紫紅色，是成化斗彩瓷器中所獨有的色彩，可以作為鑑定的斷代依據。成化斗彩瓷器中最著名的是雞缸杯。其形制嬌小，口徑僅有6公分左右，外壁繪有公雞啼鳴、母雞帶小雞在山石花草間覓食嬉戲的畫面，色彩鮮明雅致。此外，還有三

秋杯、嬰戲杯、葡萄杯、花鳥杯等，製作均極為精巧。

　　這類斗彩杯在明代就很珍貴，晚明萬曆年間《神宗實錄》中有記載：「神宗時尚食，御前有成化彩雞缸杯一雙，值錢十萬。」斗彩的「天」字罐同樣珍貴，器壁上繪斗彩海水天鳥式團花圖案，罐底獨寫一「天」字，故稱「天」字罐。

　　成化瓷器青花料早期仍使用進口料，中期以後改用江西樂平所產的「陂塘青」，又稱「平等青」，這種青料繪出的青花瓷器發色藍中泛灰青，淡雅透徹柔和，無漂浮感。但成化青花也有與宣德青花相似的發色濃重暈散的一類。

　　成化瓷器除斗彩及青花外，還有以下幾種釉色和彩色。白釉：釉質瑩潤白嫩，釉面均勻，無宣德時的橘皮紋和棕眼。黃釉：是在白釉上掛黃釉，二次低溫燒成，色彩嬌嫩。紅釉：類似宣德紅釉，釉質肥厚，色澤濃豔，氣泡大而密集。藍釉：釉色為藍中泛紫，釉面平整光潔。仿哥釉：多施於小型器物，釉色有月白、米黃、粉青等。釉質肥潤，光亮平整，開片紋有「金絲鐵線」的特徵，開片較規整。器口以及足部人工施醬釉，模仿「紫口鐵足」的效果。

　　此外，成化瓷器在施用彩色方面，還有三彩、五彩、青花五彩、紅地綠彩、紅地白花、青花綠彩、孔雀綠釉青花、黃釉青花、黃地綠彩、黃地紫彩、藍釉白花、白釉醬花、白釉綠彩、白釉紅彩、白釉黃彩、琺華釉等等。

　　成化瓷器的圖案紋飾　成化瓷器線條纖細，紋樣圖案精美秀逸，常用雙線勾勒填色法。青花畫法也是先勾出輪廓再填染。填染有濃淡之分，一般來說填色都比較淡。釉上彩只用平塗的方法而不分陰陽，無渲染烘托。繪畫人物時，只繪單色外衣而不繪內襯衣，俗稱「成窯一件衣」。繪花鳥圖案，一般鳥的形體都比較豐滿。花朵只繪正面，葉子也無陰

陽反側。花葉常畫成巴掌狀、豆莢狀、鋸齒狀。帶狀水藻的蓮花紋是當時比較流行的紋飾。同時出現規矩圖案化的花紋，如僅畫六朵無莖葉襯托的寶相花或團花。

成化瓷器的款識　款識字體挺拔有力，中鋒用筆，筆道圓潤。所有官窯瓷器寫款均似一人手筆，內容一般為「大明成化年製」六字青花楷書款。有些杯類小件的款識因釉肥厚，青花色澤輕淡而不易看清。「天」字罐是在罐底寫一楷書「天」字，無欄圈，字體筆畫上有些暈散。民窯瓷器款識常見有「大明成化年製」和「大明成化年造」或「大明年造」、「成化年造」四字款，均為楷書款。無論官窯還是民窯的款識，其外圍的圓圈或框線都緊緊地湊近字體。官窯還有藍地白花器上凸堆起雙圈白泥的款識，以及底書青花六字雙行款，款外無框無圈。

3. 弘治瓷器

弘治瓷器的造型　弘治是一個清明崇儉的皇帝，即位之初就下旨「減供御品物」，在其統治的18年間，景德鎮官窯就停燒過好幾次，所以弘治時期瓷器數量和品種大大減少。弘治瓷器與成化瓷器的風格極為相似，二者的青花瓷器也很難分辨，只是弘治青花的紋飾更細弱、更柔和，其藝術功力已遠遜於成化瓷器。青料主要是色澤淡雅柔和的國產平等青，後期還使用江西瑞州產的石子青，顏色青中泛灰。另外，從畫面上看，弘治瓷器的畫面留白比成化時多，顯得畫意較疏朗。弘治瓷器的造型品種也不多，雙獸耳瓶：洗口長頸，溜肩長腹，足外撇，砂底，肩部有凸起的弦紋，頸部飾有雙獸耳。犧尊：收口，溜肩，斂腹，平砂底，有的肩部堆塑有雙獸首裝飾，故稱「犧尊」。

弘治時期的釉彩品種　弘治時期流行白地綠彩與白地紅彩，幾乎都是雲龍紋或海水龍紋（它是先在素胎上刻紋飾，高溫燒成素胎器，再在胎器上填彩，經低溫二次燒成）。弘

明弘治　青花蓮池龍紋盤

明弘治　白釉龍紋碗

明弘治　雞油黃釉盤

明弘治　款識

治瓷器的最大成就就是黃釉瓷器，其釉色如雞油般嬌嫩，光亮晶瑩，稱「嬌黃」。其釉色之正，質量之高，堪稱明代黃釉瓷器的典範。常見的黃釉瓷器，口、腹的弦紋以金飾。另有白釉火石紅，它是先在胎體上刻出海水龍紋，龍紋不施釉，燒製後，龍紋露胎泛出火石紅色。茄皮紫釉的釉色紫中泛藍，釉質肥厚光潤，是弘治時期的一個創新品種。

弘治瓷器的款識　青花款多為「大明弘治年製」六字兩行或「弘治年製」四字兩行楷書雙圈款，極少書篆款。其筆畫纖細清秀，寫法上中鋒用筆。

4. 正德瓷器

正德瓷器的造型　正德時期御用瓷器生產又恢復了正常，產品數量激增，大大超過了弘治時期。正德時期的瓷器風格處於由成化、弘治的小巧纖細淡雅向嘉靖、萬曆的粗大熾烈濃重轉變的過渡期。前期瓷器與成化、弘治瓷器有很多相似之處，但後期大件器物逐漸增多，胎體趨於厚重，器物渾厚古樸的風格影響了晚明時期的瓷器。器的連接痕明顯，底部的火石紅亦逐漸加重。明早期的一些器形恢復生產，常見有盤、碗、壺、罐、瓶、爐、繡墩、燭臺、香筒、盒等。此時有許多器物底部連著一個托座。

瓶類有梅瓶、雙獸耳瓶、葫蘆瓶、帶座瓶等。帶座瓶為洗口，長頸，圓肩，連有托座，頸肩部堆塑雙獸耳。

花觚中的出戟花觚為仿青銅器，在正德後期出現。

碗分為宮式、墩式、雞心、高足等許多類。宮式碗的口沿微撇，器壁弧度較大，碗形優美。

盤分撇口和收口，以繪五龍襯蓮花紋者為最精。

繡墩為新出現的品種，鼓形，坐面鏤空，腹部上下各有一圈乳釘紋飾，兩側堆貼露胎的獸面，常繪青花獅子繡球。

香筒器身為圓形或扁六方形，下部連有器座。

正德瓷器的胎與釉　正德瓷器的胎體從早、中期的輕薄漸漸向晚期的厚笨過渡。大件瓷器胎體趨向於厚重，琢器的連接痕明顯，底部的火石紅也逐漸加重。釉質雖肥厚，但細潤不足，釉面也從成化、弘治的潔白變成多數青中閃灰。器物底部的亮青釉成為其重要特徵。

正德瓷器的釉彩品種　正德瓷器早期仍使用石子青描繪青花，故此時青花仍大部分呈淺淡灰藍色，同時也有灰黑色且暈散的青花一類。後期改用回青，青花色調開始變濃豔並泛紫色，但其色澤不如後來嘉靖時期的

明正德　祭藍釉麒麟紋執壺

明正德　青花花鳥紋蓋罐　　　　　　　　　　　　　　　　　明正德　青花人物紋蓋罐

熾烈。

　　孔雀綠釉是正德瓷器的最大成就。其色調淡雅明徹，與孔雀羽毛的翠綠色澤相似。在明清的孔雀綠釉瓷器中，正德孔雀綠釉最典型、最珍貴。其次最為人稱道的是素三彩，色彩明顯較以前豐富，增加了孔雀綠等色，色彩多明亮乾淨，紋飾佈局較滿。

　　五彩有青花五彩和白地五彩之分，五彩瓷喜用紅彩，在色彩的運用上有了新的突破，開始用兩種不同色彩進行渲染，打破了以往一色平塗渲染的方法。

　　其他彩瓷還有白地綠彩、白地紅彩、黃地綠彩、礬紅地金彩等品種。白地綠彩在正德以後就不再生產了。

　　正德瓷器的圖案紋飾　正德瓷器上的圖案紋飾有兩種畫風，一種筆意較粗放，屬宣德時特徵；一種纖細工麗，有成化、弘治遺風。繪畫時大多先勾出輪廓，再用平塗法填色。畫面上紋飾較豐滿，很少留空。由於此時伊斯蘭教、道教、佛教盛行，瓷器裝飾也受其影響，常見用阿拉伯文書寫的可蘭經、箴言等，也有很多道教色彩的八仙、真武大帝、八寶圖案等，還有藏文語句。正德時期多繪穿花龍和翼龍紋飾，並且花紋採用連續圖案，人物故事題材也增多了。常見的有高士、松下老人、攜琴訪友、仕女、嬰戲圖等。所繪男性人物都比較瀟灑豪放，仕女形象則較纖弱。嬰戲圖中的嬰兒後腦較大，但卻不像嘉靖、萬曆時的過大而比例不當。

　　正德瓷器的款識　有「正德年製」四字款和「大明正德年製」六字款，以青花楷書為主。字體較大，結構較鬆散。中鋒用筆，字的筆畫停頓處青花色顯得很濃。楷書款中也有紅彩書寫的「正德年製」款。正德款與宣德款一樣，「德」字的「心」上也少一橫。這一時期官窯瓷器除題寫本朝年號外，還偽造洪武、宣德款識。明代仿古作偽款由正德時期開始。

　　（三）明代晚期瓷器

　　明代晚期包括嘉靖、隆慶、萬曆、泰昌、天啟、崇禎六朝。

1. 嘉靖瓷器

嘉靖瓷器的造型　嘉靖皇帝統治長達45年，其御器廠生產的瓷器數量巨大，產品種類也齊全。後期朝廷以「官搭民燒」的方式，促進了瓷業的發展。嘉靖瓷器以大型器物為多，造型也更多樣化，往往做成四方形、六方形、八方形、斗形或上圓下方形等，其成型工藝較複雜，器形大多不夠規整。

瓶類有蒜頭瓶、葫蘆瓶等。蒜頭瓶：蒜頭形小口，長頸，扁腹，足有高矮之分。有的堆塑出露胎火石紅的蟠螭紋。葫蘆瓶：除普通葫蘆形狀外，還有四方、六方、八方、上圓下方以及多棱形的，器形均較粗大。

執壺改變了早期以玉壺春瓶為身的傳統，也向粗大演變。式樣多種多樣，足部有高圈足、高直腳、平底、外撇等。執壺蓋上常有獸形紐。

盤類有大、中、小之分，最大的直徑可達80公分。大盤一般圈足內無釉，多向內收斂。

罐類有圓、四方倭角、四方、六方、八方、瓜棱形等。大型罐可高70公分以上。圈足較矮且粗糙，器身接痕明顯。

缸類屬大型器物。主要有兩種造型：一種為撇口，平凸唇，壁較直，平砂底；另一種為直厚唇，口微斂，腹部修長，平砂底。器身接痕明顯。

明嘉靖　青花白龍紋缽

明嘉靖　青花龍紋碗

古陶瓷

鑑賞與收藏

166

明嘉靖　青花嬰戲圖蓋罐

繡墩呈鼓形，頂面微凸。

方斗杯器形略似斗形，但不夠規整。

大碗較為多見，器形為墩式或撇口式。

盒類有長方形、四方形、六方形、圓形、串鈴式等，大器直徑可達40公分。

爐類器形多種多樣，大致可分為有耳和無耳兩種。

雕塑有壽星、真武大帝、文昌帝君、東方朔、八仙、觀音等。

　　嘉靖瓷器的胎與釉　大件器胎體較為粗糙厚重。琢器腹部橫接痕明顯，且拼接處易脫斷及掉底。底足製作比較隨意，常有跳刀痕和粘砂現象。露胎處火石紅濃重。圓器常有翹棱、夾扁、下塌現象，圈足多向內收斂。小件官窯器物則製作較細緻，胎薄體輕，造型規整。釉面一般粗糙不平，官窯以及民窯小件器釉質細潤肥厚。青花及白釉器物內部常塗醬黃釉，形成黃口的特徵。器物底部多施亮青釉。

　　嘉靖瓷器的釉彩品種　嘉靖青花瓷器所使用的色料以回青料為主，有時加入石青料，形成濃重冷紫的特點，顏色鮮亮。而嘉靖前期青花色澤深沉灰暗，呈黑藍色調，有暈散；中期以後青花除了採用回青料外，也大量採用石子青，青花淺淡，頗似成化器。

　　這一時期瓷器除青花外，五彩十分盛行，其彩料顏色有紅、黃、藍、綠、孔雀綠、紫黑等。有的五彩器飾以釉下青花圖案，有的五彩上還有金彩裝飾。五彩中的紅彩呈棗皮紅，綠色多用淺孔雀綠，紫色為赭紫。嘉靖五彩色調純正，絢麗多彩，以紅濃綠豔為顯著特徵。

　　嘉靖時瓷器色彩還有三彩、斗彩、礬紅彩、白釉綠彩、白釉黃彩、白釉紅彩、白釉孔雀綠彩、黃釉綠彩、黃釉紅彩、黃釉黃彩、黃釉紫彩、青花紅彩、紅地綠彩、紅地褐彩、紅地黃彩、綠地紫彩、綠地紅彩、醬釉白花、白地醬釉彩、藍釉白花、法花釉彩、金彩等。較有特色的是黃地紅彩，以及在黃釉上以赭彩勾描紋樣輪廓內填黃彩的黃釉黃彩，俗

明嘉靖　五彩魚藻紋大罐

明嘉靖　紅綠彩人物紋大罐

稱「黃上黃」。

　　嘉靖時期的素三彩又有了新的發展，有白地三彩和色地三彩。白地三彩有素三彩，也有紅、綠、紫三色；色地三彩以地為主，色彩的光澤感不強。裝飾上有刻畫紋上填彩的，也有直接繪彩的，技法多樣。

　　嘉靖瓷器的圖案紋飾　嘉靖瓷器的圖案紋飾多用雙勾輪廓線填塗，突出地表現吉祥祈福的內容，題材包括靈芝、瑞獸、團壽字、壽山福海、福壽康寧、纏枝蓮托壽字等，甚至以樹木或花枝纏繞出「福」字或「壽」字的圖案。纓絡紋大量出現，魚藻紋運用更普遍，所繪魚體都很肥大。龍紋形體較細弱。小說及通俗演義中的人物也成為紋飾的內容之一，如孫悟空大鬧天宮、東方朔偷桃等。同時也有以吉祥文字作裝飾的，如「五穀豐登」「國

明嘉靖　款識

明隆慶　青花鳳紋罐

泰民安」「萬壽清平」「上品佳器」「萬福攸同」等。由於嘉靖皇帝崇尚道教，反映在瓷器圖案上，則多繪八仙、八寶、八卦、雲鶴等紋飾。此時所繪嬰戲圖中的兒童後腦過大。

　　嘉靖瓷器的款識　由於書寫瓷器年號的人較多，嘉靖瓷器款識較為繁雜，有青花、紅彩、刻字塗金等幾種形式。多為「大明嘉靖年製」六字款，也有「嘉靖年製」四字款，多楷書。有的款帶雙圓圈或雙框，也有不帶圈或框的。還有橫款、豎款或環形款。嘉靖早期款的字體清秀工整；中期筆畫較粗，粗獷中見工整；後期撇、捺生硬，字體較長。

2. 隆慶瓷器

隆慶瓷器造型與紋飾　隆慶朝只有6年時間。瓷器的造型風格與嘉靖的相近，青花和五彩兩類瓷器較有成就。其彩繪瓷在嘉慶和萬曆朝之間起著承前啟後的作用。其青花呈色藍中泛紫，是回青料中的典範。五彩極為精緻，紅、綠、黃、紫諸色都極為鮮豔，唯有赭色較淡。隆慶瓷器大件器物的胎體特徵與嘉靖時相同，小件器物胎體輕薄，器形也比較規整。常見的有各式碗、盤、杯、爐等，各式花形器此時尤為流行。無論官窯還是民窯器物製作得都比較精細。器物紋飾一改嘉靖朝流行的道教圖案，畫意瀟灑簡單。內容一般為靈芝、松竹梅、雉雞牡丹、龍鳳穿花、山石蘭草、嬰戲、人物故事、獅、兔、虎等。所畫人物身材修長而飄逸。恢復了傳統的團龍、雙龍等圖案。

隆慶瓷器的款識　隆慶瓷器的款識大部分為「大明隆慶年造」楷書款，也有個別「隆慶年製」四字款。官窯款識筆畫粗重有力，色澤濃豔。民窯款識書寫較潦草，字體密集靠攏在一起，不見筆鋒，如硬筆寫成。

3. 萬曆瓷器

萬曆瓷器的造型　萬曆一朝長達48年，此時御器廠生產瓷器的數量巨大，民窯瓷器生產也達到了高峰。製作大型器物的風氣愈來愈烈，盛行製造五彩和青花的大龍缸、大罐、大花觚之類。

瓷器造型各式各樣。葫蘆瓶：有圓形、瓜棱形、小口細長頸式以及較粗短的。壁瓶：新出現的品種，形似花瓶的一半，可掛於牆壁上。器形有葫蘆式、蓮花口式、瓜棱式等。青花雲龍壁瓶上常見到有荷葉托長方牌形的萬曆年款。

軍持常見到的形制有兩種，一種為小口粗頸，流碩大如乳房；另一種為花瓣口，細長頸，流彎曲細長。

花觚有圓形、四方形、方腹折角、出戟等式樣。最大的高70公分以上。

龍缸的器形較大，唇口較厚，沿唇口側面有一圈乳釘紋。多繪龍鳳、海水雲龍、龍穿花等圖案。

明萬曆　青花龍紋花觚

明萬曆　五彩龍紋花觚

罐有圓、扁、瓜棱、大口、小口等形狀規格不同的種類。

香爐有筒形、扁圓腹形、雙獸耳形、朝冠耳形等。

文具有筆山、筆擱、筆洗、筆管、筆插、硯、印泥盒等。

萬曆瓷器的胎與釉　萬曆瓷器的瓷土淘煉較差，胎體粗糙厚重，窯裂、漏釉、夾扁、翹棱等毛病多見。盤碗類底心下塌，甚至可塌到使圈足懸空。底足有跳刀痕、刮削等現象。早中期瓷器的釉面較厚潤，為青白色或乳白色；晚期的釉層薄，釉面多為青色。

萬曆瓷器的釉彩品種　萬曆青花仍使用國產青料，早期用回青料，呈色藍中泛紫，但中期以後回青料用竭，改用浙江地區的浙青料和江西地區的土青料，其青花發色藍中漸淺閃灰，到晚期藍色由淺淡灰暗變化為明亮的藍青色，多有暈散。這是因為青花的提煉方法發生了改變，從水選發展到火煅。同時，萬曆時期青花器開始採用淡描手法。

萬曆五彩器的生產達到最高水準，胎體厚重，釉面多乳白瑩潤，盛行用鏤空工藝和開光圖案，色彩紅綠相映，更加濃豔熱烈。尚有礬紅地與錦地及金彩等裝飾，色彩運用達到了前所未有的華麗繁複程度。

萬曆瓷器的圖案紋飾　萬曆瓷器紋飾技法中突出的是鏤空與雕塑，但一般都較粗劣。繪畫盛行用開光圖案，佈局繁密，主題不明。早期多用細線條描繪，晚期筆畫草率，如兒童畫般幼稚，龍紋呆滯，人物與動物比例不準確。人物畫道教色彩較濃，萬曆末期青花瓷器上的人物畫得很小。紋飾有雲龍、穿花行龍、龍托「永」字、獅球、瑞獸、鶴、魚藻、松竹梅、月影梅、纏枝蓮、八卦、嬰戲、老子出關、八仙慶壽、壽星、魁星、三國故事等。

萬曆瓷器的款識　萬曆官窯瓷器的款識一般為「大明萬曆年製」六字雙行楷書款，少用「萬曆年製」四字雙行楷書款。其字體略類似顏體，工整剛勁。萬曆早中晚期，款識有

明萬曆　青花纏枝花卉紋蓋罐

明萬曆 款識

所不同。早期青花款識色調濃豔，字體挺拔有力；中晚期款識大部分出現淺淡或灰暗的色調。萬曆的五彩及三彩器有青花款、紫字款及刻款。除本朝款外，尚有各種堂名、吉祥語、圖記款及仿前朝款等，如「長府造用」「東郡壽房記」「長命富貴」「福壽康寧」「萬福攸同」「富貴佳器」「佳器」「佳」等。

4. 天啓瓷器

天啟瓷器的風格　天啟瓷器總的風格是更加粗率。胎質粗鬆，器形不規整，盤碗類圓器圈足較淺，足底輻射狀跳刀痕明顯，足跟削出尖鋒，常有粘砂現象。有的底心留有類似明初器底的小乳突。釉質稀薄，釉面有光亮和不光亮兩種，釉色青灰，器物底足多不施釉。但此時也有一些精品比較細緻，器形規整，釉面肥潤，釉色明快。有些小杯類甚至比成化器更薄更玲瓏。另外，天啟年間一些瓷器帶有很濃的日本風格，如將器形做成扇形，紋飾中繪扇面、皮球花等，這些瓷器應為銷往日本的外銷瓷。

天啟瓷器的釉彩品種　天啟瓷器的品種較少，仍以青花和五彩為主。天啟青花色調多種多樣，有的色澤不穩定，出現暈散現象；有的色調清淡，青中閃灰；有的濃重，泛黑藍或黑灰；有的鮮明，呈淺藍色。

天啟五彩色調不如嘉靖萬曆時期濃重，但一些胎體細潤的輕淡彩器的色調仍較為鮮豔柔和。也有粗糙品比嘉靖、萬曆時色彩濃重，往往紅為黑紅，綠為黃綠或黑綠，施彩較厚，彩色暗淡無光。同時，青花色調濃重發黑，青花款識也為鐵黑色。厚胎白地五彩瓷器口沿多施醬黃色。

天啟瓷器的圖案紋飾　天啟瓷器的繪畫多較粗率，有的用減筆寫意描繪，有的用淡描繪畫，有的用皴染法繪畫山水人物。常見的紋飾有雲龍、團龍、牛、松鼠葡萄、蘆雁、天

明天啓　青花蓮紋執壺

馬海水、松竹梅、山石牡丹、纏枝蓮、嬰戲、山水人物、刀馬人物、夢幻人物、羅漢、達摩、松鹿、扇面博古、城廓圖、皮球花、團花、蓮瓣等。

　　天啓瓷器的款識　天啓瓷器官窯款識一般為「大明天啓年製」六字雙行青花款，帶淺藍雙圈，也有書「天啓年製」「天啓年造」以及「天啓某年」等款識。民窯瓷器多用圖記款，如玉兔、靈芝、方勝、如意、盤腸等。也有書「天啓年製」的民窯器，字體較潦草。

5. 崇禎瓷器

　　崇禎瓷器的特點　崇禎瓷器總的情況是瓷器工藝水準低下。器形品種少，僅有碗、盤、瓶、缸、香爐、花觚等很少幾種。胎質粗細兼有，釉面多泛青灰色，釉汁顯稀薄。青花的色調多數灰暗暈散，嚴重者圖案紋飾及文字都模糊不清，也有少數器物青花色澤鮮麗明快或純正深沉。

　　崇禎瓷器的紋飾　崇禎瓷器的紋飾圖案多帶有濃厚的民間色彩和鄉土氣息，筆意豪放無拘束。也有一些胎質細膩的器物繪畫比較工麗，多用粗線條，有的像潑墨一樣塗抹，也有用筆纖細的淡描畫法及皴染山水畫法。常見的紋飾有雲龍、海水龍、正面龍、龍鳳、纏枝花、麒麟、虎、牛、馬、松鶴、鷺鷥蓮花、松竹梅、人物故事、刀馬人物、嬰戲、山水人物、八仙、羅漢等。一些外銷瓷上還繪有日本人物及日本風格的圖案等。此時有的正面龍的形象蒼老無力，披頭散髮。

　　崇禎瓷器的款識　崇禎瓷器少量有「大明崇禎年製」官窯款，也有以隸書寫干支紀年

明崇禎　青花人物紋筆筒　　　　　　　　　　　　明崇禎　青花山水人物紋筆筒

款的。大量民窯器物隨意偽託「宣德」「成化」「嘉靖」等前朝年款。吉祥語款往往書
「萬福攸同」「永保長春」「富貴長春」「長命富貴」等。

三、明代景德鎮以外幾個重要窯場陶瓷器

（一）福建德化窯白瓷

　　德化窯在今福建中部德化縣境內，是我國沿海地區外銷瓷重要產地之一，從宋代開始
燒造白瓷和青白釉瓷器，經過宋、元時期的發展，至明代達到一個高峰。明代德化窯生產
的白瓷，在全國製瓷業中具有代表性。德化窯所用瓷土含鐵量低，氧化鉀和氧化矽的含量
高，為生產白瓷創造了極其有利的條件。其胎土淘煉精細，胎質緻密，露胎處常見有氧化
淺紅小斑點，顯現顆粒狀的珍珠般閃光，俗稱「糯米胎」。釉層肥厚細潤，經高溫燒成
後，釉面光潔、白如凝脂，為德化窯所獨有。

　　明代德化窯的白釉可分三類。一種釉色是白中呈粉白或牙黃色調，故有「象牙白」
「豬油白」「奶油白」「鵝絨白」之稱。此類釉色數量較多，且質量都較高，是明代德化
窯的代表釉色。一類是白中隱現肉紅色，按深淺不同有「孩兒紅」「肉裏紅」「美人紅」
之分，這類如脂似玉、典雅可愛的白釉瓷器，迎光可見白中泛紅並映現手指影，是德化窯
白瓷中最精美的作品，其數量相對較少。還有一種則是燒造稍差、燒製氧化氣氛控制不好
的白中泛黃色釉，又稱「牙黃釉」，一般帶此類釉色的瓷器質量稍遜，往往釉中還帶有小

開片。

德化窯器物造型主要有杯、碗、盤、爐、尊、鼎、笛、簫和仙像一類人物雕塑等。杯類主要有梅花杯和爵杯兩種。梅花杯：造型為橢圓口，口外侈，斜收腹。底足部有的為附加「山」形底座，有的為海棠花形矮圈足，也有四個短實足的。杯腹部常堆塑出一枝梅花，故稱「梅花杯」。爵杯：仿古代青銅爵的造型，元寶口，杯內有帶帽的雙柱，體外一側有弧形把手，三足外撇。德化窯所用瓷土質軟、可塑性強而又易於造型，因此人物雕塑是明代德化窯白瓷最精彩部分。人物雕塑的器壁一般較厚，題材主要為民間供奉的佛、仙之類人物，如達摩、彌勒佛、壽星、觀音、文昌帝君、媽祖等。這些人物雕塑形體優美，比例適中，面部神態安詳。其使用了捏塑、堆貼、雕刻、粘貼等多種手法，雕塑得十分精細逼真。當時德化窯湧現出一批製作這類器物的能工巧匠，有何朝宗、林朝景、張壽山等人。如在一些白瓷觀音上，可見到「何朝宗」三字篆書的葫蘆形印記。

（二）江蘇宜興窯紫砂器

紫砂器是一種用特殊的含鐵量高的陶土燒成的無釉陶器。其胎質堅實細密，顏色為紅褐色、淡黃色或紫黑色。創燒於宋代，但到明代中晚期以後才盛行，主要的產地即今江蘇宜興地區。紫砂器總的風格與同時期瓷器相似，比較粗獷。紫砂質地都比較粗糙，造型和裝飾線條生硬簡單。有壺、罐、缽、湯匙、碟等很少幾個種類。

宜興紫砂器的成就主要是茶壺，造型有提樑壺、圓壺、三足圓壺、方形壺、四繫壺、六方形壺等。其中方形、六方形造型也在瓷器中常見。史料記載最早的紫砂藝人是明代正德年間的書童供春，此後有萬曆年間的「四大家」董翰、趙良、元暢、時朋以及邵文蔡、

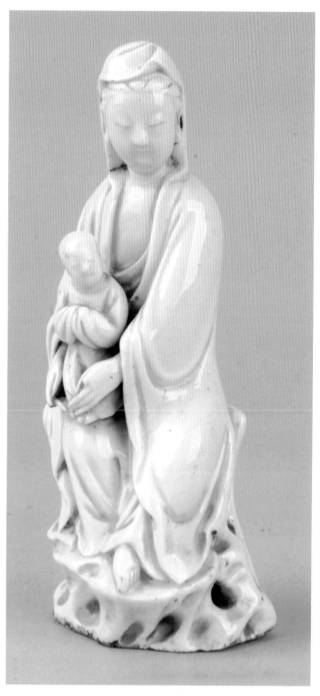

明　德化窯白釉送子觀音

明　大彬款紫砂壺

明　大彬款紫砂壺

　　惠孟塵、李仲芳、徐友泉等，都是製作紫砂壺的高手，成就最高的是時朋之子時大彬。他
們的作品，標誌著紫砂壺藝的成熟。歷代工匠都有在壺底或壺把下方等處落名款的習慣，
明代多為陰刻款。如傳世樹癭壺，它狀如樹瘤，泥色暗黃，壺身近把手一側刻書「供春」
二字。此外，還有一些壺、罐類在器蓋或器底有戳印款，多為篆書，為作者姓名。也有的
器物腹部刻吉祥語款，如「獨佔鰲頭」等。

　　明代萬曆時期，紫砂除製成茶壺外，還盛行製成雕塑和其他工藝品，著名匠師有陳仲
美等。可惜的是明代紫砂器保存至今的不多。

（三）法花器

　　法花器又稱「法華器」「琺華器」，係在琉璃釉製作的基礎上發展的新品種。其創燒於元代，但盛行於明代，以萬曆時期的作品最佳。法花器一般產自山西晉南一帶，屬於陶胎。法花器採用彩畫中的立粉技術，用特製的帶管泥漿袋堆出凸線的紋飾輪廓，然後填入法花釉料，入窯低溫一次燒成。明代法花器陶胎質地較細膩，胎色為灰白色，而進入清代後，胎質較粗糙，胎色為淡黃色。明代景德鎮窯用瓷胎仿法花器製作法燒製，係先在胎體上堆出花紋，入窯燒成素胎，再在胎面上施法花釉，兩次入窯以低溫燒成。陶胎法花器釉料以牙硝為助熔劑。釉色主要有黃、綠、紫等，葡萄紫和孔雀綠是法花器中最突出的釉色。施釉較厚，釉質純淨，釉面晶瑩鮮豔。陶胎法花器的彩釉有剝落現象。

　　山西所生產的陶胎法花器，一般都是小件的花瓶、香爐、動物之類。而景德鎮窯明代嘉靖前後生產的瓷胎法花器，燒成溫度較山西的高，胎、彩料及裝飾都更為豐富，器形多為較大件瓶、罐、缽等，紋飾有花鳥、人物故事圖等，其藝術效果更甚一籌。

明嘉靖　法花透雕人物蓋罐

第十章
清代陶瓷器的鑑定與欣賞

一、清代陶瓷器的基本鑑定特徵

　　清代是中國封建社會最後一個王朝。從定都北京算起，共有10個皇帝執政，歷經268年。清代全國生產陶瓷的窯場很多，但與明代情況相同，瓷器生產水準最高的仍是景德鎮窯。由於當時清朝皇帝重視御窯廠生產製作，並派宮廷官員督窯，甚至親自頒發瓷器式樣，從而推動了陶瓷生產的發展。同時也實行了「官搭民燒」的制度，使民窯瓷器燒製技術也進一步提高。康熙、雍正、乾隆三朝是清代瓷器生產的鼎盛時期，質量最好，嘉慶以後逐步走向衰弱和停滯，同治以後則更加衰落。

　　清代瓷器的胎與釉　清代瓷器總的風格向纖巧陰柔方面發展。在瓷器造型上，從清代早期的古拙渾厚逐漸變為秀巧規整，到後期變成稚拙笨重。器物胎體相對明代瓷器一般較輕薄些。由於窯爐溫度提高，瓷胎燒結度好，迎光透視呈現青白色，不見明代瓷胎那種閃肉紅色的特徵。清代器物注意修胎，琢器類的頸、腹部已基本看不到接痕，同時胎土淘洗精細，露胎處也一般看不到明代瓷器上常出現的火石紅色。清代早期瓷器胎厚體重，堅硬緻密。雍正時潔白細潤。後期瓷器胎體厚笨疏鬆。清代瓷器不及明代肥腴，施釉較薄，早期釉面平整細膩，胎釉結合緊密，釉色多呈青白、粉白、漿白、硬亮青等色。雍正時期瓷器釉面細潤，常有橘皮紋。乾隆時期瓷器釉面平整泛青，嘉慶、道光以後釉面出現波浪紋。到了晚期釉層更薄，釉質差，釉面灰暗。

　　清代瓷器的釉彩品種　清代瓷器繼承了明代傳統的青花、五彩，同時在這個基礎上進一步發揚光大，並創新了粉彩、琺瑯彩，出現了多品種的單一色釉。

　　康熙青花一般使用的是極為純淨的雲南珠明料，呈現純藍色，畫面有濃淡層次，人稱康熙青花能分五層，故為「五彩青花」。

　　五彩瓷在清代康熙時期有一個重大的突破，那就是發明了釉上藍彩和黑彩。藍彩呈紫灰色，彩的四周有一層光暈。康熙時期五彩以釉上藍彩代替青花使用，而且藍彩比青花鮮明，使全器的色彩更加和諧。黑彩在明代彩瓷中使用罕見，到康熙時，被大量使用在畫面上，甚至出現墨地五彩之類色彩對比強烈的品種。

　　康熙時期還有素三彩等名貴品種。其色彩多為黃、綠、紫三色，極少用礬紅，使畫面顯得十分素淨。

粉彩又稱「軟彩」，是以含鉛和砷的玻璃白料在燒成的素白瓷上打底，再用彩料繪畫，二次入窯以低溫燒成。其顏色柔和淡雅，層次豐富，更富有表現力。粉彩瓷器以雍正時的產品最為精美。

琺瑯彩又稱瓷器畫琺瑯，這種彩瓷受西方繪畫藝術影響，用景德鎮禦窯廠所燒的素白瓷，運至皇宮內用琺瑯彩料繪畫後燒成。琺瑯彩瓷器精美異常，歷來是皇宮專用的「內廷秘玩」。僅在康熙、雍正、乾隆三代燒造。

清代還創造了許多新的釉色品種，如郎窯紅、豇豆紅、胭脂紅等紅釉，天藍、粉青等青釉，以及松石綠釉、鱔魚黃釉等釉色。乾隆時期大量出現象生瓷，塑造動物、果品等，有雞鴨、螃蟹、昆蟲、花生、栗子、蓮子等，形象逼真，製作精細。

清代瓷器的圖案紋飾　清代瓷器的圖案紋飾受同時期繪畫影響較大，民窯產品用筆較灑脫豪放，官窯瓷器圖案則較規矩，構圖拘泥繁縟。早期清代瓷器中的山水多採用斧劈皴畫法，山石呈劈開的片狀。雍正時期的粉彩花卉多使用沒骨畫法，即不用墨線勾輪廓。

清代早期瓷器中的人物形象都比較瘦弱，特別是仙女，眉間常呈「八」字形，櫻桃小口，弱不禁風。晚期瓷器中的人物神情呆板，鼻部隆大。清代的龍紋變成以方頭大額的形象為主，也有纖柔細身形象的。晚期的龍紋神態平淡，尾部呈掃帚狀。

清代瓷器的款識　清代官窯器的款識多署帝王年號款及堂名款。康熙時多楷書款，雍正時楷、篆並用，乾隆時多篆書款，嘉慶、道光、咸豐時亦是篆多楷少，但到同治、光緒、宣統三朝又以楷書款為主。清代民窯瓷器款識多為干支紀年款、吉祥語款、私家款及圖記款等，也有年號款。減筆款識多，書寫潦草。清代仿明代瓷器款識的風氣也很盛行，多仿明代成化、嘉靖年號款識，但其字體多具本朝特徵，易於識破。

清代的瓷器生產可大致分為前後兩個時期，前期為順治、康熙、雍正、乾隆，後期為嘉慶、道光、咸豐、同治、光緒、宣統。

二、清代景德鎮窯瓷器

(一)清代前期瓷器

清代前期包括順治、康熙、雍正、乾隆四朝，共計152年，除順治朝外，這是清代瓷器發展最高峰的時期。

1.順治瓷器

順治瓷器的造型　順治瓷器處於明末清初過渡階段，其造型、胎釉、紋飾都有過渡期特徵。順治瓷器的造型比較樸拙，胎體仍厚重，具有明代遺風，其器形有瓶、尊、罐、爐、海燈、大盤等。但也出現了新品種，簡介如下：

筒瓶：在明代萬曆、天啟時開始出現，造型為直口或口微侈，豐肩，肩以下腹漸收，圈足釉底。而順治筒瓶變成廣口微侈，短頸溜肩，長腹直筒，細砂底無釉。這種筒瓶又稱「象腿瓶」，在順治、康熙兩朝最為流行。

筒狀花觚：侈口，中腹漸縮，器身細長，平底無釉。後來腹部逐漸突起，到康熙時已成為鼓腹狀，稱為花觚或鳳尾尊。

大口觀音尊：撇口短頸，豐肩漸收，足部外撇，砂底無釉。這種造型到了康熙時變為最常見的觀音瓶。

將軍罐：出現在明代嘉靖、萬曆時期，到了順治、康熙時大量流行。器身較粗矮飽滿，直口豐肩，腹下收斂，砂底無釉。

順治瓷器的胎與釉　順治瓷器的胎質比明代崇禎時的堅硬細潤，盤類器底部一般不下塌，跳刀痕、刮削痕等也減少。精細的碗盤類圓器的圈足，足尖已由明代的斜削變成滾圓的泥鰍背狀。同時底足還有玉璧式底、雙圈底等。順治瓷器的釉面以光亮不足的卵青色為主。器物口沿多施醬黃釉，這是順治時瓷器的主要特徵。順治青花色調較豐富，已能分出濃淡和陰陽面層次。主要色調有黑藍、淡藍、正藍、青翠。青翠發展到康熙時稱「翠毛藍」，是青花瓷器中色澤最豔麗的一種。順治五彩多以濃重紅綠彩和青花翠藍色調繪製粗獷的紋飾。另有一種不加繪青花的五彩器物，釉面大多平淨，色彩較淡但很鮮亮。順治青花釉裏紅數量不多，但較為精緻，青花呈色鮮豔，釉裏紅濃重，繪畫精細。

清順治　青花松竹梅紋花觚

順治瓷器的圖案紋飾　順治瓷器上晚明時期富有民間生活氣息的繪畫題材消失了，取而代之的是怪石花卉、人物故事。比較特殊的圖案紋飾有在雲中翻騰三現的雲龍；伴有山石芭蕉的麒麟或獨角獸一類瑞獸；雉雞牡丹或山石牡丹，牡丹花朵盛開，內心花瓣分向兩邊，又稱「雙犄牡丹」；人物繪畫神態飄逸，並用分水、皴點、淡繪及濃筆渲染等手法烘托場景。在民窯青花碗盤類器物中，常繪一片樹葉或一方多孔洞石，這類樹葉旁常伴有題句「一葉佳式」「梧桐一葉落，天下盡皆秋」「黃葉落兮，雁南飛」「梧桐一葉生，天下盡皆春」等，這種紋飾稱「秋葉洞石」。還出現了詩、書、畫、印相結合的題材。

順治瓷器的款識　順治官窯器款識都是青花款，為「大清順治年製」六字雙行楷書款，外加雙圓圈，其圓圈較大。另外還有「順治年製」四字雙行楷書款，有的加圓圈，有的無圈。民窯瓷器多數寫干支紀年款，少數寫順治年號，也有寫「玉堂佳器」等吉語款的。

2. 康熙瓷器

康熙皇帝在位61年，其初期由於戰亂，景德鎮瓷業受到破壞，直到康熙十九年派朝

廷官員到景德鎮督窯，才逐漸恢復御窯廠秩序。從此，官窯開創了以督窯官姓氏稱窯的先例。康熙時期著名的有「臧窯」「郎窯」，「臧窯」指康熙十九年至二十七年臧應選督駐景德鎮時奉旨督燒的瓷器，其代表了景德鎮窯在康熙前期的瓷器製作水準。「郎窯」指康熙四十四年至五十一年郎廷極主持景德鎮窯務時所生產的瓷器，其代表了康熙後期景德鎮窯的瓷器製作水準。

康熙瓷器的造型　康熙瓷器比較渾厚古拙。在明末瓷器遺風影響下，早期器物胎體厚重，到中晚期才逐漸變薄。康熙時新創的器形品種很多，加上傳統的造型，更是品種繁多，千姿百態。常見的器形有碗、盤、杯、瓶、壺、罐、爐、缸、筆筒、尊、觚等。

筒瓶：是康熙時常見的器形，其造型與順治時基本相同。

梅瓶：短頸，豐肩或平肩、溜肩，下腹部內斂，底足有平底、寬壁形底、二層台底和圈足等。

玉壺春瓶：大撇口，短粗頸，垂腹，圈足，整個造型顯得短粗敦厚。另一類瓶頸部細長的玉壺春瓶多數仿明宣德的器形和紋飾。

棒槌瓶：有方形與圓形兩種。方瓶為撇口

清康熙　青花海水龍紋棒槌瓶

短頸，平肩微折，瓶體為略呈上寬下窄的四方直筒形，底為方形寬足。圓瓶為盤口，短頸，圓折肩，瓶體長方筒形，圈足，底多為二層臺式。此種瓶康熙早期器形較短粗，晚期細長。

直頸瓶：直口長頸，扁腹，圈足，又稱「荸薺式扁瓶」。

柳葉瓶：撇口，短頸，溜肩，下腹瘦削，通體瘦長，底足內凹較深，俗稱「美人肩」瓶。

鳳尾尊：又稱「花觚」，大口外撇，長頸漸收，鼓腹下斂至近足底處又外撇，二層臺式圈足。其器形有大有小，大者可高達2公尺，中型的高約45公分；一般為小型器物，高在10～20公分。

觀音尊：撇口，直頸，豐肩，下腹收斂，器底又外撇，圈足。其整個形體較瘦長。大器可高達1公尺，中等器物在50公分左右，小件器物大致高20公分。

琵琶尊：洗口束頸，圓腹，二層臺式圈足，器形從剖面看像一面琵琶。太白尊：小口微侈，短頸溜肩，至底部漸放，淺圈足，底較寬大，有釉。

賁巴壺：源自藏族器皿。整個器形像寶塔，口部與流均加小蓋。小口，直頸，圓

清康熙　淡描青花人物紋筆海

腹，下部有托。流曲折連於腹部，高底足，中空。

多穆壺：直筒形狀。頂部有冠狀圍欄及空頂形紐蓋。中部一側有彎曲的流，另一側上下對稱有繫。足底內凹。

鼻煙壺：為新創品種，器形類似爆竹筒。

罐：直口，圓肩，鼓腹，下體漸收。平底或圈足內凹。平頂蓋，直壁，可以密閉嚴實地將口套住，口緣外部多露胎。

將軍罐：寶珠頂紐蓋，直口，短頸，豐肩，鼓腹，腹以下斜收，平底無釉。

筆筒：有直筒形，撇口束腰式，竹節式等。

攢盤：始於明萬曆晚期，康熙時盛行，並延續至晚期。其為多個小盤拼成一定形狀。一組所需小盤在5～20個。

蓋碗：撇口或直口折沿，腹部下收，圈足。蓋有扣於碗內口者，也有大於碗口的天蓋地式。

鈴鐺杯：撇口，收底，淺圈足，器身較長。整體像個鈴鐺。

康熙瓷器的胎與釉　康熙瓷器的胎土淘煉得特別精細。胎質純淨，潔白緻密，有「糯米汁」之譽。其燒成溫度高，瓷化程度好，胎體也特別堅硬。與清代其他時期同樣大小的器物相比，康熙瓷器的重量大。琢器大件胎體較厚重，仍採用分段銜接法，接痕處很平滑細緻。其小件器物胎體非常輕薄，以後還出現了以精淘的漿泥製成的「漿胎」。康熙時的釉料也很精細，釉面光滑細膩，胎與釉結合非常緊密。釉面早期為青白色，中期為粉白或漿白色，晚期以後又呈現青白色。這種青白色釉面細潤潔淨，硬度很高，被稱為「硬亮青釉」。同時器物口沿施含粉的白釉，也是康熙瓷器的一個特徵。器裏外釉面能基本保持一致，都有緊密堅硬感。

康熙瓷器的釉彩品種　康熙瓷器的釉彩品種繁多，主要有以下幾種：

青花：康熙時所用的青花料是雲南珠明料和浙料。不同時期的鮮亮和灰暗程度不同，

清康熙　青花龍紋盤

其中使用質量上乘的國產浙料燒出的「翠毛藍」，青翠濃豔，層次分明，堪稱清代青花瓷器的頂峰。這種層次分明的多色階青花，可以描繪圖案景物的陰陽向背，富有立體感，因此又稱「五彩青花」。康熙青花大致可分為早、中、晚三期，早期青花釉面呈青白色，青花發色為灰藍或黑藍，有的迷混朦朧，有的較青翠；中期青花鮮豔青翠，釉面呈粉白色；晚期青花灰暗、淺淡，有的暈散不清，釉面呈青白色。

　　五彩：康熙五彩主要是在白瓷釉上繪畫，很少用青花。主要有紅、黃、紫、綠、藍、黑等色。其紅彩色調鮮亮，能分出深淺濃淡，施彩有厚薄；黃彩為蜜蠟黃；紫彩深者為茄皮色，淺者為葡萄紫；綠彩色調多樣，多為色深泛黑的墨綠、黑綠色；藍彩深淺濃淡不一。康熙五彩前期繪畫用焦墨筆法勾勒輪廓，後期則用油墨彩料繪製。五彩人物面部只用輪廓勾出，不填彩。康熙五彩器除了白地五彩外，還有青花五彩、豆青地五彩、米地五彩、紅地五彩、藍地五彩、墨地五彩、灑藍地五彩、哥釉五彩。

　　琺瑯彩：在康熙三十五年創燒成功。琺瑯彩料是一種塊狀色料，有紅、黃、綠、藍、紫、黑、白等，與進口的多爾門油調和，繪畫時有些像畫油畫，把色料堆上去，增加了畫面的立體感。康熙畫琺瑯是在澀胎上先作地色，然後畫花卉。康熙琺瑯彩少見白地畫琺瑯的。

　　粉彩：受琺瑯彩影響，於康熙中期創燒成功。初期粉彩器風格簡樸，色料比較粗糙，施彩較厚，彩色濃重。主要有白地粉彩和綠、黃、紫三彩瓷加上胭脂紅彩。

　　三彩：康熙三彩主要為黃、綠、紫色，極少加紅彩，故稱「素三彩」。

　　淡描紅彩：康熙朝創新品種。能以極淡的紅彩分色階描繪花紋。

　　珊瑚紅：康熙朝創新名貴彩釉。以吹釉法施彩，色調光潤含蓄，美如紅珊瑚。

　　胭脂紅：康熙朝創新名貴彩釉。以紅釉中加金製成，呈色為胭脂粉紅色。

　　墨彩：出現於康熙中期。康熙墨彩著色濃重，於彩上再塗一層「玻璃白」，燒成後漆黑晶亮。也有以綠彩打底的，襯托墨彩更加瑩亮。

清康熙　粉彩十二月花卉紋杯

清康熙　三素彩果紋盤

　　郎窯紅：係指郎廷極在景德鎮督窯時仿宣德紅釉創燒的官窯紅釉瓷器。其可分為單層釉和雙層釉。單層釉施釉薄，釉面光亮有細開光紋，口沿處因釉面垂流而顯露胎骨，器底為白色或米黃色。雙層釉施釉厚，釉面勻淨無垂流現象，常開有較深的片紋。郎窯紅釉色似初凝牛血，又稱「牛血紅」。但這種紅色並不完全一致，有深淺之分，深者紅豔，淺淡者為粉紅。郎窯紅琢器裏面為青白色或米黃色，也有開片。器足底內施米黃色或蘋果綠色釉，也有施本色釉者。其器外紅色除口沿處外，越往下紅色越濃豔，但一般垂釉均不過足。口沿釉薄，形成「燈草口」。故郎窯紅有「脫口垂足郎不流」之說。

　　豇豆紅：康熙晚期創燒的新釉色，為類似豇豆色的紅釉新品種。其釉質勻淨細膩，含

有粉質。紅釉釉面散佈著天然綠色苔點。其上品釉色稱「大紅袍」，釉色正紅鮮豔；其次者稱「美人醉」或「美人霽」，色如豇豆皮，含深淺不一斑點，有的地方露綠苔斑點，淺淡者稱「桃花片」「娃娃面」；再次者晦暗渾濁，稱「榆樹皮」「乳鼠皮」；最下者灰黑不勻，器下部焦黑起泡，稱「驢肝馬肺」。

天藍：康熙時期創燒釉色，色調為淺淡的藍色。有的器物口沿部分加一層稍深的藍釉豆青釉，釉色淡雅悅目，釉面勻潤堅致。

仿龍泉的豆青釉：釉面凝厚，多有暗花。口、足邊施加粉白釉。

金銀釉：康熙朝創新品種。在釉上塗以調和的金粉或銀粉，燒成後如純金銀器般輝煌。

康熙瓷器的圖案與紋飾　康熙瓷器的裝飾手法有繪畫、刻、畫、堆貼、鏤雕、鑲嵌、瓷塑等。康熙早期的繪畫風格是粗獷豪放與精細工麗並存。纏枝蓮、牡丹等花卉圖案線條粗放，花朵大，滿布於器身。「指日高升」圖或魚藻紋之類的圖案則畫得比較精細。康熙中期瓷器繪畫受明末清初的一批畫家影響很大。如董其昌、四王（王鑑、王時敏、王翬、王原祁），以及畫「水滸葉子」的陳洪綬（陳老蓮）等。其青花山水構圖舒展，意境較深。在青花和五彩瓷器上，有很多「刀馬人」的戰爭場面畫，其畫法受陳老蓮影響很大。

康熙中期以後，由於廣開科舉，瓷器上開始大量出現書寫詩文詞賦的情況，如「狀元過街」「獨佔鰲頭」等畫面，並且出現很多「漁樵耕織」的內容，反映人民安居樂業的場景。

康熙晚期瓷器繪畫趨向用筆纖細、繪工細膩的風格。官窯瓷器以龍鳳紋為主，其次為花鳥、人物故事、山水樓閣、飛禽走獸等。民窯瓷器畫風較生動自然，筆調輕鬆酣暢。一些外銷瓷中有日本風格的圖案紋飾。

康熙瓷器的款識　康熙早期多為民窯器物，官窯器少見，署皇帝年號款的極為罕見，多為署干支紀年款、堂名款及花押款。其青花款字顏色濃重，字較大，很多署「中和堂製」款識的器物，應為官窯器。中期官窯器款識有六字三行式、六字雙行式、四字雙行式等。字體以楷書為主，也有少量篆書，內容為「大清康熙年製」「大清年製」等。康熙晚期出現一行或兩行豎寫、三行橫寫的篆書六字款以及三行橫寫的楷書六字款，字體工整秀麗。此外，康熙瓷器上常仿寫古款，主要有明代成化、嘉靖、萬曆等，字體風格常帶有本朝特點。

3. 雍正瓷器

雍正朝雖僅有13年，但瓷器生產卻達到了歷史上的最高水準。雍正時期製瓷風氣的嚴肅認真，產品的精細典雅，與雍正皇帝本人非常喜歡瓷器以及審美水準很高是分不開的。一些官窯瓷器從造型、圖案到品種都由皇帝親自審定批准後才能奉命燒造，並派年希堯到景德鎮任督窯官，由唐英協辦。這一時期的瓷器史稱「年窯」。在當時的御窯廠裏，集中了一批製瓷水準最高的工匠。特別是唐英認真負責地工作，親自與工匠們悉心研究，使得雍正以及乾隆朝官窯瓷器的發展到了一個獨步天下的局面。

雍正瓷器的造型　雍正瓷器的造型輕巧俊秀、嫵媚典雅，器物線條曲折優美，各部分之間比例適度，可謂達到了「增一分則拙，減一分則陋」的程度。雍正瓷器在造型上出現

清雍正　青花八卦紋盤

了大量的創新之作，同時仿宋代名窯器亦甚精湛。主要器形種類有碗、盤、杯、瓶、壺、尊、罐、洗、盆、爐等。

碗類形式很多，有直口、撇口、斂口、收口、深腹式、墩式、馬蹄式、折腰式等多種。總的特點是胎一般都輕薄，碗口大，圈足也大，雋永穩重。折腰碗：是雍正時流行的典型器之一，收口或微撇口，折腰圈足。折沿碗：口緣外折而平直，淺腹，圈足外撇，又稱「肘子碗」。多方碗：雍正時期新創器形。碗體多方棱，有六方、八方、十方等。直口微侈，腹壁斜直收，折底，矮圈足。蓋碗：為常見器物。有地蓋天式、天蓋地式等多種，蓋上有的為圈足，有的是紐。

盤類有撇口式、敞口式、菊瓣式等多種類型。民窯大盤多折沿，砂底，釉面呈粉白色。菊瓣盤：盤身作菊花瓣狀，胎體輕薄，仿皮漆而作，器口花瓣或尖或圓或呈折沿式。

套杯為雍正時新出現的器形，10個形制相同而尺寸大小不同的馬蹄形杯子為一組，依次疊套。

瓶類有梅瓶、天球瓶、賞瓶、葫蘆瓶、橄欖瓶、弦紋瓶、玉壺春瓶、錐把瓶、貫耳瓶、雙連瓶、四連瓶等多種。梅瓶：造型優美，有的器口出唇，有的在肩腹部飾弦紋。天球瓶：為雍正時大件瓷器。器口微撇，短頸，腹部扁圓，假圈足。粉彩器上常畫8個桃子。賞瓶：雍正時新出現的器形。為撇口，細長頸，圓腹，圈足。頸部繪青花蕉葉紋，腹部繪纏枝蓮紋，取其諧音為「清廉」之意，作為賞賜大臣之用，故稱「賞瓶」，清代晚期又稱「玉壺春瓶」。橄欖瓶：器形略似橄欖，腹部隆起，口頸與下腹均內收。頸部比下腹

清雍正　斗彩纏枝花卉紋碗

清雍正　豆青花卉雞紋花盆

部略瘦長。有的頸部有雙貫耳，稱「貫耳橄欖瓶」。

　　壺類大多為造型扁圓的小壺，也有僧帽壺、葫蘆形壺、提樑壺等。

　　尊類有鳳尾尊、石榴尊、如意尊、三犧尊等。雙螭尊：洗口，長頸，長圓腹，有對稱的彎曲形兩螭首銜接器口，螭尾連於腹部。雍正時新出現仿唐代雙龍尊造型。如意尊：圓口、束頸，器物上下部為兩個大小不同的球形體，略似葫蘆。有對稱的如意式雙耳連接上下兩部分，為雍正時期新式造型。三犧尊：亦為雍正時新造型之一，仿古代青銅尊。撇口，短頸，豐肩，圓腹下斂，器身上下有凸弦紋，肩部塑貼臥形三犧或三羊。

　　罐類有將軍罐、荷葉蓋罐及仿宋代的壯罐、雙繫小蓋罐、天字蓋罐等。

清雍正　青花釉裏紅桃紋天球瓶

　　洗類造型多樣，有桃形（單桃或雙桃）、荷葉形、梅花形、圓形、方形等。小型器物為文具，多施仿宋代釉色。

　　盆仿明代永樂、宣德時折沿盆造型。

　　爐基本上為香爐。造型多樣，常見的有撇口、深腹、圈足式，直口、深腹、圈足式，侈口、扁圓腹、圈足式。其口緣下至肩有對稱的圓狀耳。

　　繡墩為鼓形。比康熙時期器物略矮，器面常以錦紋鋪墊為裝飾。

　　雍正瓷器的胎與釉　雍正瓷器的瓷土選料極為精細，成型規範，燒製的火候適中，因此雍正瓷器胎體潔白堅潤，迎光透視呈現淡淡的青白色。即使是大件器物，胎體仍勻稱一致，不顯厚重。至於一些小件，更是薄如脫胎器，從一面透過器壁隱約可見到另一面的紋

飾。雍正時仿宋代器物的黑灰色胎骨，稱為「鐵骨大觀」；仿汝窯香灰色或泛紅褐色胎，稱為「鐵骨之汝」。雍正瓷器釉質瑩潤，釉面光潔，釉色多為純白。青花瓷器的釉面有白色和青白色。仿宣德青花釉面有橘皮紋，且有的積釉較厚，呈雲霧狀，稱為「朦釉」或「唾沫釉」。彩釉和仿成化青花釉面，多為粉白色細釉；仿定窯白瓷的漿胎瓷器釉面也是粉白色，但釉質比較疏鬆。此外，康熙晚期的硬殼青釉此時也常見。

雍正瓷器的釉彩品種　雍正瓷器的釉彩品種有以下幾種：

青花：雍正青花色調大致可分為幾類，一類發色淺淡，有的帶暈散現象；一類接近康熙青花的翠藍色，但缺乏康熙青花的多層色階；一類為色調濃厚的深藍，仿明代宣德青花風格。色濃處也有鐵銹斑，但大多是人為重筆點染而就，其色上浮，不像宣德青料有沉入胎骨的特點。這種青花瓷器釉面也常有橘皮紋。另外還見有少量淡描青花。

五彩：康熙時的繁盛，雍正時已少見，但所見者多為精品，它吸收了粉彩多層次畫法的特點，變得清新淡雅。

琺瑯彩：康熙時多繪於素白瓷地上，內容以花鳥為多，其次是山水，人物少見。雍正琺瑯彩圖案上大多配有相應的行書詩句。

粉彩：至雍正時為繁盛期，官、民窯競燒粉彩。粉彩瓷器以白釉為地施彩，極少加繪青花。花紋層次豐富，色階繁多，色調溫潤柔和，淡雅細膩，立體感強。圖案紋飾多為人物花卉，以工筆手法繪畫。

廣彩：始於雍正時期，是當時外銷瓷的主要品種。廣彩是景德鎮窯燒製出素瓷後運往廣州加繪彩色，再入窯低溫燒成後出口，故稱「廣彩」。其彩料主要有紅、黃、綠、紫、雪青等色，並施以金彩。雍正廣彩瓷器設色淺淡，製作精細。

釉裏紅：雍正時又稱「寶燒紅」，色調不如康熙時那樣濃豔，紋飾採用輕描淡繪表現。另一種釉裏紅填繪三魚、三果、五蝠等圖案，色澤鮮紅。

雍正斗彩也是清代燒製最為成功的，除傳統的青花與五彩結合外，這時已流行釉上粉彩和青花相結合的新工藝。

雍正時期仿宋代名窯釉色的有仿汝釉、仿官釉、仿哥釉、仿鈞釉及仿定窯白釉等。仿汝釉釉面上有蟹爪紋。仿官釉瓷器有「紫口鐵足」效果。仿哥釉瓷器釉面上有「金絲鐵線」效果。仿鈞釉瓷器有銅紅斑效果。窯變釉也是仿宋代鈞釉品種，以銅紅釉為主的窯變

清雍正　紅地粉彩花卉紋鉢

釉中，還含有其他多種金屬元素，燒成後有各種美麗顏色。雍正窯變釉器釉面較宋鈞瓷平整、光亮。仿定窯白釉胎體泛黃，釉質較疏鬆，釉底印刻暗花。

茶葉末釉：為傳統的結晶釉品種，雍正時多見釉色青中偏黃，故俗稱「鱔魚黃」，器底多有本朝款。

淡黃釉：雍正時創燒，釉中含粉質，呈乳濁狀，比澆黃釉更淺淡，又稱「蛋黃釉」。

西湖水釉：雍正時低溫釉，釉色為淺淡的泛青綠，略深者稱「松石綠」，泛黃者稱「葵綠」。雍正時期單色釉瓷器的燒造水準達到了歷史最高峰。

雍正瓷器的圖案紋飾 雍正瓷器的裝飾手法以繪畫為主，兼用刻、印、畫、堆塑、雕鏤等工藝。繪畫一般都非常清秀纖柔。紋飾內容以花卉最為豐富，常有牡丹、桃花、海棠、菊、三秋、落花流水等。雍正時瓷器興起從器外延伸至器內的畫面，稱為「過牆花」，如畫龍紋則稱「過牆龍」。粉彩繪連枝壽桃的，一般桃為八枚，同時粉彩瓷器上喜繪虞美人花，皮球花也十分盛行。花鳥繪畫多受惲壽平沒骨畫法影響，山水畫仍宗「四王」畫風，但設色淺淡，筆法細膩。並蒂蓮花開始在斗彩紋飾使用，並沿用至晚清。刀馬人物等圖像線條柔弱，仕女人物常著漢裝，身材修長清雅。粉彩中的仕女人物畫背景，常為工整的室內陳設，亭台等景物則縮小。瓷器上題詩句的風氣在雍正時仍盛行，有的以花卉、樹林、竹葉組成詩文，畫中藏詩。

雍正瓷器的款識 由於此時官窯款識已定專人書寫，故字體基本一致。此時楷書款與篆書款並用。楷書款早期流行「大清雍正年製」六字三行橫排雙圓圈式，六字兩行圍雙圓圈式方框豎寫者較晚。琺瑯彩器上一般為兩行豎列圍方框的楷書款，內容有「雍正年製」和「雍正御製」兩種，以青花和藍料彩書寫。篆書款有六字兩行豎列或六字三行橫列、四字兩行等格式，一般無邊圈或框。雍正民窯瓷器有「大清雍正年製」大字兩行豎列楷書款，字體草率。也有圖案款，如靈芝、如意、寶鼎等。還有吉語款和堂名款，如「壽山福海」「千秋如意」「雪溪草堂」等。雍正時也有一部分瓷器仿明代年款，如「大明宣德年製」「大明嘉靖年製」「大明萬曆年製」等，字體纖細挺拔。

4. 乾隆瓷器

乾隆皇帝在位的60年，是清代社會發展到頂峰的時期。乾隆本人嗜古成癖，對瓷器也有狂熱的愛好。他不但在宮中收藏的古陶瓷上題刻詩文，也熱心瓷器新產品的生產，對景德鎮御窯廠的瓷器生產十分重視，將唐英由窯務協理提升為督窯官。唐英親自主持御窯廠創燒新樣的工作，創製出大量華麗奇巧的獨特品種。這一時期督燒的御窯廠，史稱「唐窯」。唐窯的成就，代表了乾隆時期的瓷器製造水平。從國勢上來講，乾隆一朝是清代由盛到衰的開始，從瓷器生產上來講，乾隆朝也是盛極而衰的轉折點。

乾隆瓷器的造型 乾隆瓷器的造型品種豐富，以各種奇巧之物而聞名，其同一類的器物可以有幾種甚至十幾種的變化，整體呈現出一種雍容華麗、玲瓏精緻和新穎奇巧的風格。前朝常見的器形繼續存在並有所改進和創新，如瓶、尊、罐、壺、碗、盤、杯、爐等，又出現了大量奇巧的新物品，主要為玩賞品、小件文具等。如各種象生瓷以及帽架、扳指、香薰、香筒、帶鉤、荷包等，以及瓶類的轉心、轉頸等。總的來說，乾隆瓷器的造型是「渾厚不如康熙，秀美不如雍正」。

清乾隆　青花寶相花吉祥獸耳尊

清乾隆　青花纏枝蓮紋貫耳瓶

　　轉心瓶：乾隆時創燒的觀賞品。由瓶身、瓶心、底座等分別燒成後組接而成。瓶身腹部有開光或鏤孔，瓶心與瓶頸相連，套入瓶身腹內，底部由底座封閉。由頸部轉動瓶心，瓶心上畫的圖案便可通過開光或鏤孔如走馬燈般顯現出來。轉頸瓶：略似於轉心瓶，不同的是頸部裝一個可旋轉的套環，其沿圍繪天干，與器身的地支可以相對。交泰瓶：又稱「天地交泰瓶」，為乾隆時獨有的器形。胎體分上下兩個部分，在腹部中間以鏤雕的如意雲頭形溝槽分開。上下兩部分胎體互相套勾可以活動，但以子母扣連接，不可分開。壁瓶：明萬曆時出現，常以御題詩句配合畫面。器形多樣，大小不一，官、民窯都燒造。盒瓶：乾隆時創燒的新器形，寓意「心氣和平」。造型為折沿小撇口，細頸，扁腹，腹部可分上下兩節，上節有底呈瓶狀，下節呈盒狀，上下扣合成一器。天球瓶：有特大和大、中、小型，造型上比雍正器頸稍長，腹部略高。其腹部畫粉彩連枝常為九桃。雙連瓶：乾隆時新造型，直口較淺，短頸豐肩，腹部下收，足外撇。雙蓋上各有圓珠形紐。兩瓶對稱相連，還有四至六個瓶連接在一起的。葫蘆瓶：有三孔葫蘆瓶、交泰葫蘆瓶等新品種。地瓶：俗稱大地瓶。器形高大，多在1公尺以上。器形有撇口式和洗口式，頸部收斂，溜肩，長腹，頸部常飾如意夔鳳耳，胎體厚重。

　　鹿頭尊：康熙時出現，乾隆時常見。直口微撇，口沿以下漸收，垂腹，圈足。肩頭飾以蟠螭耳、戟耳或獸頭耳，因形似鹿頭或牛首，故稱。粉彩器上常繪百鹿圖，又稱「百鹿尊」。漁簍尊：又稱「花囊」。撇口，扁腹，腹下一圈乳釘紋，底部有三乳足。

　　香爐：折沿，扁腹，底內凹，有三個乳足。

　　壺類有各式小茶壺、玉壺春體的執壺、僧帽壺、賁巴壺、多穆壺等。

　　碗類有直口碗、撇口碗、葵口碗、折沿碗、蓋碗、仿木釉碗、撇口高足碗等。

　　杯類有墩式杯、臥足杯、高足杯、仿成化雞缸杯等。

盤類盛行攢盤和大盤。大盤沿用雍正器形，撇口或折沿式，口徑常在40公分左右。

象生瓷：乾隆時新品種，有胡桃、蓮子、花生、栗子、棗、蓮荷、貝殼、蝦蟹等。與原物大小相同，仿效逼真，供御用陳設玩賞。

小文玩：係擺設器物，為各種大器的微縮品。主要有文具類的筆筒、筆架、墨床、鎮紙、印泥盒等。

此外，還有一些仿青銅禮器的宗法器，如簋、豆、爵、犧尊、籩（ㄅㄧㄢ，祭祀或宴會時盛果實、乾肉等的竹器）、簠（ㄈㄨˇ，祭祀時盛穀物的器皿，長方形，有足，有蓋，有耳）等。

乾隆瓷器的胎與釉　乾隆時期注重製瓷品質，瓷胎潔白細膩。雖然有「堅不及康熙時，細不及雍正時」之說，但乾隆瓷器造型規整，厚薄適度，都與高純度的胎土相關，這使成型有了保證。乾隆瓷器早期保持雍正時的細潤特點，晚期略見遜色。一些仿古代名窯的黑灰色胎或黃色漿胎，仍類似雍正器物。青花瓷器的釉面呈青白色，肥腴而堅致，勻淨光潤，偶然有輕微的波浪釉，也有呈粉白色的釉面。琺瑯彩及粉彩精品釉面精緻細潤，而一般彩器釉面與雍正時有差別，往往不夠平淨。有的粉彩器釉面為淡青色，均勻而偶有極細小的皺紋。有的帶極小黑星點，稱「蕎麥地」。

乾隆瓷器的釉彩品種　乾隆瓷器的釉彩器品種如下：

青花：乾隆青花的藍色基調穩定、渾厚、沉著。初期青花呈色不穩，常有暈散的現象。中期青花呈色穩定，用料較濃，藍色純正，明快豔麗。常仿明代永樂、宣德青花，但無蘇麻離青自然形成的鐵銹黑斑，而是以人工點染。這種斑點不下沉，浮在上面，生硬做作。還有另一種藍中泛黑，色澤凝重沉著，但紋飾往往層次不清的青花。晚期青花色澤泛青灰色。一些漿胎青花釉面瑩白開細片紋，青花鮮豔明亮，紋飾趨向規矩圖案化。

釉裏紅：乾隆時色調鮮麗，紋飾清晰，有深淺不一的多層次色階，圖案已趨規矩化。

青花加紫：在青花器圖案中留出空白花朵，以釉上胭脂紫彩描繪。

粉彩：乾隆時除白地粉彩和色地粉彩外，還有加繪釉下青花的。此時流行軋道工藝，即以尖細的工具剔畫出較淺的忍冬蔓草紋規矩圖案，又稱「錦上添花」。民窯中粗的粉彩器稱「糙粉彩」，其軋道器物稱「什錦」。乾隆時粉彩器裏及足底施綠釉也是一個明顯的特點。

琺瑯彩：前期器物之精細可與雍正器媲美，後期粗糙以至於停止生產。乾隆琺瑯彩流行色地開光圖案，內容為花鳥、山水人物、西洋婦女等，並常配御題詩句。

古銅彩：乾隆時創新品種，刻意模仿古銅器顏色。

斗彩：彩繪及製作工藝都很精細。紋飾圖案化，往往以開光對稱和多方連續裝飾。

斗彩加粉彩：二者合繪於一器，為乾隆時的新裝飾法。

紅彩：有朱紅、礬紅、油紅等，色調有深淺，乾隆時使用廣泛。

廣彩：乾隆時作為外銷瓷產量很大。瓷器胎體較薄，釉面白潤，施彩比雍正時更豔麗。

天藍釉：乾隆時釉厚肥潤，積釉處微泛淡淡的黃綠色。

茶葉末釉：乾隆時著名的品種。釉面色調深者，顯黑褐；淺者，因黃色小黑點較多而泛黃色。器足一般為黑褐色，足部釉與露胎相接處有刮削時的一圈小鋸齒狀線。

清乾隆　粉彩花卉紋瓶

窯變釉：早期釉面保持雍正時「火焰青」特點，隨後變成紅、藍、月白塊狀的斑片和條紋，晚期變化為紅色釉。

仿石釉：用彩釉顏色，模仿勾繪石頭的紋理。

乾隆時還有仿宋代汝、官、哥、鈞、定五大名窯的釉色，以及仿龍泉、仿木、仿漆釉，仿明代宣德、成化、嘉靖、萬曆等瓷器品種。

乾隆瓷器的圖案紋飾　乾隆瓷器的裝飾手法仍以繪畫為主，輔以開光、雕塑、鏤空、剔刻、畫花、玲瓏等，同時模仿真實顏色的象生瓷也極具逼真效果。繪畫紋飾內容豐富，除傳統畫面外，多見宣揚封建倫理和寓意福、祿、壽的畫面以及歌頌太平盛世的畫面。繪畫工細，層次清晰。流行百花地圖案及色地軋道、開光圖等。一些花卉畫面逐漸演化為規矩圖案或幾何多方連續式圖案。乾隆時期文化藝術發展迅猛，當時及其稍早一些的著名畫家對瓷器繪畫有一定影響，如山水繪畫多學董浩、張宗蒼，嬰戲紋飾學金廷標，花鳥學蔣廷錫、鄒一桂等人畫風。乾隆時期特種瓷能模仿出玉石、金銅、牙木、雕漆、藤編等工藝品。總的來說，乾隆時期的瓷器製造不惜工本，極盡鋪張奢華繁縟，但藝術格調卻失去雍正朝工細、清朗的魅力。乾隆朝也是清代瓷器繪畫由盛極轉向庸俗化的時期。

乾隆瓷器的款識　乾隆朝歷時60年之久，寫款人變化大，故款識較複雜。其篆書款為主流，也有楷書款。其寫款主要為青花款，也有紅彩款、黑彩款、紫彩款、金彩款、藍料彩款和刻印款等。乾隆瓷器上「大清乾隆年製」六字兩行圍雙圈豎式楷書款是初期的一種年款，數量極少。楷書款還有「乾隆年製」四字兩行圍雙框藍料款，多用在琺瑯彩瓷器上。早期篆書款為六字三行橫排或四字兩行，一般都不圍圈，個別的圍雙框。六字兩行豎寫者圍單圈，篆書字體轉折處圓柔。中晚期一般都為六字三行，無圈欄，寫於器底，偶有

清乾隆　茶葉末釉瓶

清乾隆　款識

六字一排寫於器口邊沿、肩部、中腰、足內邊沿或底部。乾隆民窯瓷器年款字體都較草率且歪斜，有的只寫半邊字，稱「草記款」。乾隆仿古瓷器上常有「大清乾隆仿古」或「乾隆仿古」款，有的為青花篆書，有的為金彩楷書，也有寫明代宣德、成化年號的，多為四字或六字楷書。

(二)清代後期瓷器

作為清代盛世的乾隆朝結束以後，清王朝在政治上開始走下坡路，製瓷業也與此同步走向衰落。嘉慶、道光、咸豐三朝，除嘉慶朝早期還能沿襲乾隆遺風，部分官窯器物尚能保持較高質量外，後來則每況愈下。特別是1840年鴉片戰爭以後，隨著帝國主義列強的入侵，民族工業日益衰敗，景德鎮的瓷器製造業愈趨萎縮，生產水準低落。到晚清光緒時雖曾一度興旺，但僅是迴光返照的一瞬。

1. 嘉慶瓷器

嘉慶時，景德鎮御窯廠已無專派的督窯官，窯務改由地方官兼管。嘉慶前期，所生產的瓷器在造型樣式、圖案等方面，均照搬乾隆舊制，多數器物基本都保持前期的製作水準，有「乾嘉窯」之稱。但在品種和數量上已遠遠不如乾隆朝。嘉慶後期，製瓷工藝漸趨粗糙，與道光時期風格接近，又有「嘉道窯」的說法。

嘉慶瓷器的造型　嘉慶瓷器的造型，基本沿襲乾隆一朝，缺少創新，其前期的風格接近乾隆時期，但已逐漸顯拙。後期的器物，風格又與以後道光時雷同，器形欠規整。乾隆

清嘉慶　粉彩花卉紋葵口碗

清嘉慶　青花粉彩百猴圖雙耳瓶

時奇巧華麗的觀賞品至嘉靖時已基本消失。官窯瓷器中出現的唯一重要的新器形是圓柱形高筒狀的帽筒，有的器身還有鏤空裝飾，取代了以前的圓球形帶座帽架。嘉慶時官、民窯皆大量生產各類餐具、茶具類日用瓷，如盤、碗、杯、碟、勺、罐、溫鍋、蓋碗、茶壺、洗等。此時盛行攢盤和攢碗，攢盤一般由五、七、九個小盤為一組，攢碗也以數件式樣不同的碗拼成一組，裝在專門配套的盒子裏。官窯五彩器中保留的傳統產品有龍鳳碗和月令花卉杯。鏤雕大盤同於乾隆時，折邊處也以鏤孔組成連環式樣。此時大量生產薄胎的盤、碗、杯、碟類用品，以手指輕叩，聲音脆亮。另外，乾隆朝流行的文具小九件及扳指、翎管、鼻煙壺等器物此時仍大量製作。

嘉慶瓷的胎與釉　嘉慶早期瓷器的胎釉與乾隆瓷器相近，胎質精細，厚薄適中，釉面光潔細潤。但小件器物已施釉稀薄，釉面泛青，釉面光潔度變差，有的有波浪紋。到嘉慶後期，瓷胎變得粗鬆，同品種器物與乾隆朝相比，重量變得較輕。施釉稀薄，釉面光潤感差，波浪釉變得多起來。

嘉慶瓷器的釉彩品種　嘉慶時青花瓷器的色澤大多比較穩定，與乾隆時相似，但一部分器物青花發色暗淡漂浮，紋飾不清晰。民窯器釉面稀薄泛青，青花濃淡不一。

嘉慶時期，皇宮內的琺瑯彩已經停燒。

景德鎮生產的被稱為「洋彩」的器物，質量較差，實際也是粉彩軋道開光一類器皿，主要是繪有開光山水、花卉等圖案內容的碗、盤。

嘉慶時，粉彩器仍為主流品種。粉彩器盛行「百花不露地」的裝飾手法，俗稱「萬花錦」。有的發展為金地萬花錦。同時粉彩的軋道裝飾一直沿用，但工藝不如乾隆時精細，

民窯尤粗。粉彩器裏和器底多施色重的豆瓣綠釉。嘉慶粉彩少見白地器物，普遍帶色地。到嘉慶後期粉彩釉面稀薄，欠勻淨，彩色厚薄不一。

嘉慶瓷器的圖案紋飾　嘉慶瓷器紋飾的風格是構圖較呆板，筆法纖細拘謹。圖案內容流行龍、鳳、蝙蝠、百子龍燈、三果、松鹿、雲鶴、錦雞牡丹、花蝶、花鳥、耕織圖、嬰戲、壽桃、皮球花、十二月花卉、冰梅、博古圖、山水、人物及吉祥語文字、梵文、錦紋、纓絡紋等。在一些民窯青花瓷器上，流行繪纖細的纏枝蓮紋，俗稱「勾蓮紋」。其勾畫的力度及精細程度，強於後來同治、光緒時同類器物。

嘉慶瓷器的款識　官窯款識以篆書為主，楷書少見。字體特點類似乾隆時款識。篆書款多為「大清嘉慶年製」六字三行橫款，無框欄。楷書款亦六字三行橫列，有雙圈。白釉盤類的這種楷書款為刻款。民窯款識楷、篆字體兼有，較草率，篆款亦常夾減筆字。

2. 道光瓷器

道光瓷器的造型　道光時期官、民窯瓷器的產量和質量明顯下降。瓷器造型趨向粗厚笨拙，外形線條一般缺乏圓潤秀美之感，往往見棱見角，板滯生硬。常見器形種類有杯、碗、盤、瓶、罐、爐、尊、壺、暖鍋、魚缸、花盆、帽筒、筆筒等。新出現的重要器形有冬瓜罐，收口豐肩，器身是高筒形，近似豎立的冬瓜。分大器和小器兩種，小器無蓋，大器一部分有蓋。鼻煙壺十分流行，造型多種多樣。

飲茶成為時尚，各式蓋碗、茶壺、茶盤、茶託等大量出現。花口盤碗一類粉彩軋道器物，常繪「西湖十景」和花卉等圖案，這也是道光朝典型的品種。

道光瓷器的胎與釉　道光瓷器的胎質亦趨向粗疏，其琢器胎體多為厚胎，器壁厚薄不勻。薄胎圓器胎質較為細白。民窯盤碗類雖較薄，但因質地疏鬆，用手指叩擊時聲響不清脆。

道光瓷器施釉一般都比較薄，釉面多粉白鬆軟，波浪釉嚴重。青花器施釉較肥厚，釉色呈青白色或潔白色，但胎與釉結合不夠緊密。

清道光　斗彩鴛鴦紋碗

清道光　青花八卦雲鶴紋碗

道光瓷器的釉彩品種

道光瓷器的釉彩品種如下：

道光青花器的色調大致有兩種情況，前期呈色穩定，不太鮮亮而淡雅宜人，無暈散和凝聚斑。後期青花呈色往往不穩定，有漂浮感。道光時所燒造的一些名為「宣窯」「宣青」的青花器，與明代宣德青花相去太遠，徒有其名。

道光時粉彩器大量燒造，其一般為地色較濃而彩繪淺淡，並喜用雪青色。普通粉彩器質量不高，繪畫圖案呆滯，人物往往有形無神。但繪有帶姓名小傳的無雙譜人物及草蟲圖案的粉彩器很精美。特別是署「慎德堂」款的粉彩為道光帝御用品，是相當精細的。

礬紅彩色調紅中泛黑，不甚光亮，施彩較薄。多繪纏枝蓮托「喜」字與桃蝠紋飾，圖案毫無生機。

此時各類色釉地的瓷器施金彩較普遍，但金色不夠光亮。

豆青加粉是在素胎上以白粉堆凸起白色紋樣，用青花勾描輪廓，再滿施豆青色釉。仿康熙、乾隆同類器，但胎釉疏鬆，圖案用筆纖弱。

爐鈞釉不見乾隆時藍、綠、月白交錯組成的條紋斑片，僅為淺綠和藍色中雜以紫色圈點。

仿哥窯瓷器釉面開片呈灰白色，器口常人為地塗黑釉以充「紫口」。

茶葉末釉釉質疏鬆，釉面有細小橘皮紋，底足胎與釉相接處也無乾隆時的小鋸齒紋。

此時雕瓷多為仿竹雕的竹黃釉瓷器，著名的藝人有王炳榮、陳國治等，作品上多署作者姓名。

道光瓷器的圖案紋飾　道光瓷器的紋飾繪畫線條纖細，畫意板滯，人物有形無神。常見內容有龍、鳳、蝙蝠、花蝶、蟲草、鳳凰牡丹、魚藻、三羊、皮球花、歲寒三友、清裝仕女、人物故事、十二月花神、三果、西湖十景、「喜」字勾連等。此時較有特色的圖案紋飾有秦磚漢瓦、殘卷古紙、金石文字、無雙譜等。由於社會上流行「及時行樂」的思潮，反映在瓷器的紋飾上，有大量鬥雞走狗、鸚鵡、蟈蟈、蟋蟀等圖案作為主題出現。由各種彩蝶、昆蟲組成的「探花及第」圖案也很盛行。

清道光　斗彩圍花馬蹄碗

清道光　群仙祝壽紋碗

　　道光瓷器的款識　道光瓷器的款識多用篆書，少用楷書。篆款字體為瘦勁的鐵線篆，一般為「大清道光年製」六字三行橫列，無圈欄。也有六字一行橫款，落於器物中腰或器外口沿下。楷書款多為六字三行橫列，圍雙圓圈，六字兩行豎式楷書款常為刻

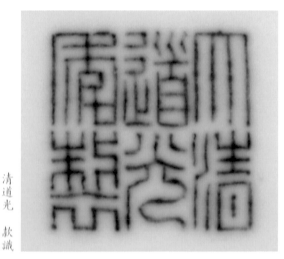

清道光　款識

款。道光御用器「慎德堂製」楷書款識，以側鋒書寫。民窯瓷器仍多草記款。

3.咸豐瓷器

咸豐時期國力衰弱，咸豐五年後景德鎮御窯廠已基本停燒，官窯瓷器數量很少，加上英法聯軍搶劫並燒毀圓明園，故傳世品更稀罕。咸豐時瓷器的製造水準比道光時還低，是嘉慶、道光、咸豐三朝中最低下的。

咸豐瓷器的造型　咸豐瓷器承繼了道光時的造型，因胎體厚重、胎質粗糙而更加笨拙。施釉厚薄不一，釉厚者釉面呈波浪紋，釉薄者釉面有橘皮坑。造型較簡單，主要為傳統的賞瓶、玉壺春瓶、八卦琮式瓶、杏圓貫耳瓶、象耳方瓶、三連瓶、香爐、盒、花盆、荷葉蓋罐、茶壺、杯、碗、蓋碗、洗、盤等。比較重要的器形有長方形斗杯，敞口外撇，如簋的一半，器物兩側各有一個環形耳式把手。

咸豐瓷器的釉彩品種　咸豐青花瓷器色調也有兩種，一種為青花色調，較沉穩，類似於嘉慶、道光青花色澤；另一種為色調黑灰或淡青且漂浮。

咸豐粉彩官窯製品較精緻，有的還加繪斗彩和描金。底和器裏施豆瓣綠釉色更深。粉彩彩色亦喜歡用雪青紫色，同時還多用佛頭青藍色，比道光時色彩濃烈，俗豔刺目。粉彩

清咸豐　青花粉彩人物紋瓶

上已較少使用軋道工藝。

　　豇豆紅釉似紅豇豆色，因釉中含粉質，故器物釉面光澤不強，此釉色在咸豐、同治、光緒時期常見。

　　咸豐瓷器的圖案紋飾　咸豐瓷器圖案紋飾內容簡單，構圖佈局鬆散。所繪人物圖案多數形象生硬，鼻骨高直隆起有勾是一大特色。博古紋飾較常見。

　　咸豐瓷器的款識　咸豐瓷器的款識以楷書為主，官窯楷款側鋒用筆，字體清秀端正。「大清咸豐年製」六字兩行豎式楷款或六字三行橫式楷款，均無圈欄。篆書款為六字三行橫式，亦無圈欄。還有青花款、紅彩款、刻款等。民窯器中盛行圖章式篆書款，多草率或減筆，難於識讀。此時仿「成化年製」與「雍正年製」款識較多，用鐵釉地黑色刻款常見。

4. 同治瓷器

　　同治瓷器的造型與釉面　同治時期景德鎮御窯廠的瓷器生產更加萎縮，工藝低下，產品粗糙。同治瓷器基本上繼承了傳統的造型，如官窯瓷器中的玉壺春瓶、賞瓶、紙槌瓶、蒜頭瓶、石榴尊、貫耳方瓶、琮式瓶、燈籠尊等。同時也出現了一些新的造型與品種，如器壁高深的紅地開光龍紋碗以及為同治大婚而特製的「大婚禮造器」和「體和殿」款識的陳設品與日用瓷。這些器物造型規整但略顯笨拙。同治時民窯多生產盤、碗、罐、瓶、壺、繡墩、魚缸、花盆、火鍋等日用品以及餐具。瓶類加雙耳的裝飾從清中期以來一直流行。同治官窯瓷器仍較潔白精細，釉面細潤有琺瑯器的效果。但民窯瓷器大多數胎質更加粗鬆厚重，施釉稀薄，釉面泛瑩白。有些圓器胎體較輕薄，叩之發金屬聲。

清同治　粉彩描金寶相花菱口盤

清同治　粉描金暗八仙八邊形盤

　　同治瓷器的釉彩品種　同治瓷器的釉彩品種如下：

　　青花：有的色澤比較清晰明快，有的黑褐暗淡，色料劣質漂浮。出現了洋藍色。

　　粉彩：色彩均較前朝鮮豔，多用彩色做地色。由於色料中施加粉質較多而顯得比較濃厚。黃彩嬌嫩淺淡；綠彩濃深翠綠；藍彩深淺不一，有的藍靛色醒目突出；墨彩有多色階層次，但暗澀無光。

　　翡翠釉：同治時新的釉色。釉中綠色與白色的斑片混雜，如同翡翠。

　　黃釉：釉色較濃深。黃釉瓷器有一色黃及黃釉刻花，也有黃釉地色加彩或描金。

　　窯變釉：多為紅色基調，釉中出現青、黑、白等雜色，釉面亮度很強。

　　同治瓷器的圖案紋飾　同治瓷器繼續採用傳統的圖案紋飾龍、鳳、雲鶴、八寶等，更喜用吉祥內容的紋飾，如萬壽無疆、五蝠捧壽、雙喜百蝶、麒麟送子等。紋飾風格進一步圖案化，圖意俗氣呆板，缺乏生機。

　　同治瓷器的款識　同治瓷器的款識以「大清同治年製」六字兩行豎立楷書款和「同治年製」四字兩行豎立楷書款為主，以青花或紅彩書寫，無圈欄。粉彩器多用紅彩書寫。署「燕喜同和」楷書款的為同治皇帝大婚所造器；署「體和殿製」篆書款的為慈禧太后專用器，字體方正，結構嚴謹。民窯器物多用字體草率的紅彩印章式篆書款，有六字和四字兩種。

5. 光緒瓷器

　　光緒一朝長30多年，是晚清中時間最長的王朝。慈禧3次做壽花費了大量的銀兩，客觀地推動了陶瓷業的發展，多年不景氣的景德鎮御窯廠此時得以復蘇，燒製了大量御用瓷。同時在當時社會上，好古之風盛行，古瓷器非常受青睞，刺激了景德鎮窯的仿古瓷器

的燒製。在咸豐以後的整個晚清時期，光緒一朝燒製的瓷器無論在數量上和質量上都居首位。

光緒瓷器的造型　光緒瓷器基本囊括了晚清以來所有的傳統器形，也有一些新創器形出現，如官窯瓷器中的荷葉式蓋罐、加銅絲提樑的茶壺，以及一批大器形的盤、碗、瓶、盆、魚缸、繡墩等。其中花盆的樣式就有十幾種，並多配有盆奩相托；有的青花蓋罐的罐口與器蓋做成可擰合的螺旋紋式。主要器形還有天球瓶、大地瓶、玉壺春瓶、象耳方瓶、琮式瓶、壁瓶、杏元貫耳瓶、梅瓶、百鹿尊、罐、壺、吸杯、屏風、瓷板等等。

蓋罐：形如大的梅瓶，口上有螺母紋，蓋內有螺旋紋，擰合後器口嚴密。

百鹿尊：仿乾隆造型，但光緒仿品器體厚重笨拙，粉彩彩色暗濃，畫意呆滯。

天球瓶：仿乾隆粉彩器。一般都比較大，多繪九桃紋飾。釉面呈波浪狀，彩色不鮮豔，紋飾也欠緊湊。

吸杯：始見於康熙。杯體為牡丹花形，一側有花梗，中空作為吸管用。

光緒瓷器的胎與釉　光緒瓷器胎的質量比同治時有所提高，瓷土淘洗較細，胎質較緻密。但與清代前期相比則胎體輕薄，硬度不夠。釉面有近似現代瓷的純白色，也有的白中微泛青，釉面稀薄欠瑩潤。

光緒瓷器的釉彩品種　光緒瓷器的釉彩品種如下：

青花：色澤呈黑褐或淺藍色，也有一些「洋藍」色，俗豔泛紫。此時青花色調都有漂浮不穩感。

青花加紫：又稱青花加胭脂紫。始於雍正時期，光緒時多見。器物紋飾中常以胭脂紫替換釉裏紅著色。

水墨五彩：又稱淺絳彩，出現在咸豐、同治時期。色彩淺淡柔和，筆法細膩。

粉彩：色澤大多較淺淡，一般不夠鮮亮。晚期彩料含粉較少，施彩較薄且柔和。以署「大雅齋」款的器物最為精細。

刻瓷：以鑽石等硬工具在白釉器上刻出紋飾，再填淡墨，形成山水、人物、花卉等，有素描寫生的效果。

清光緒　青花海八怪大碗

清光緒　款識

　　單色釉：在光緒時又恢復到較高的水準，其中以祭器和仿古禮器燒造質量最高。常見單色釉有霽紅、胭脂水、珊瑚紅、霽藍、天藍、豆青、瓜綠、嬌黃、鈞紅、仿官、仿哥和茶葉末等。

　　光緒瓷器的圖案紋飾　光緒瓷器的圖案紋飾仍以吉祥如意的內容和龍鳳紋為主。常見有萬壽無疆、五蝠捧壽、雲蝠、「喜」、「壽」、三羊開泰、江山萬代、雲龍、龍鳳、夔鳳、百蝶、佛手、八寶、博古圖、八仙、十二月花卉、九桃、百鹿、鷺鷥、荷蓮等，並且喜用繡球花、籐瓜、藤羅和壽帶鳥等題材組合。繪畫有的細緻，有的簡略。

　　光緒瓷器的款識　光緒官窯瓷器以楷書款為主，楷篆並用。楷書款常見「大清光緒年製」六字兩行豎式及「光緒年製」四字兩行式。其字體較修長，清秀工整。篆書多為六字三行橫式。楷書款、篆書款一般都不加圈欄。署「儲秀宮」和「大雅齋」款的瓷器是慈禧專用之物，為楷書紅彩款，橫列於一行。與其相配的還有「天地一家春」紅彩篆書橢圓形圖章款，兩款同落在同一器物的同一畫面上。此外，官窯瓷器的款識還有「永慶長春」「長春同慶」紅彩楷書。民窯瓷器常署干支紀年款及圖記款，都比較草率。

6. 宣統瓷器

　　宣統為清代最後一朝，時間不足3年。宣統二年，景德鎮完成了最後一批官窯瓷生產，官窯燒造制度也從此終結。

　　宣統瓷器的胎與釉宣統官窯器沿襲光緒朝舊制，工藝上有所提高，造型規整，瓷器胎

清宣統　青花山水紋爐

體較輕薄，胎質細密，器形種類與光緒時相似。釉面色白、勻淨。由於燒結度高，以手指叩擊瓷器會發出金屬般的聲音，具備了一些現代瓷的特徵。

宣統瓷器的釉彩品種　宣統瓷器的釉彩品種如下：

官窯瓷器的青花發色鮮亮清新，超過光緒朝。琺瑯彩也有燒造，質量一般。粉彩器大體上也與光緒朝的相似，製作更精細。珊瑚紅釉器較多見，其色澤較淺，紅中泛黃色。

宣統瓷器的圖案紋飾　宣統瓷器的圖案紋飾繪畫較精緻，也類同於光緒朝。

宣統官窯的款識　宣統官窯的款識有「大清宣統年製」六字雙行豎寫楷書款，無圈欄，以青花料寫款。篆書款則多為紅彩、赭彩或墨彩款。民窯款識亦類似光緒時期民窯的款識。

三、清代景德鎮以外的幾個重要窯廠陶瓷器

（一）江蘇宜興窯紫砂器

進入清代以後，宜興紫砂器得到了迅猛的發展。

清代宜興製陶有三類產品：第一類是紫砂器，第二類是宜均器，第三類是日用陶器。清代宜興紫砂器生產的主要特點：

一是燒造量大，遠遠超過明代；

二是器形品種增多，除壺、杯、茶葉罐、爐等茶具類外，各類陳設品及玩具等新的造型大量湧現；

三是清代宜興紫砂茶壺突破了明代那種粗樸生硬的樣式，向自然生動流暢發展；

四是製紫砂器的泥料也有很大發展，除朱泥、紫泥外，又出現白泥、黃泥、梨皮泥等各種色澤泥料；

清　紫砂壺

清　紫砂桃形壺

　　五是清代紫砂器取得了巨大的成就，由日用品變成為既有使用價值又有欣賞價值的藝術品，並成為宮廷御用器。

　　康熙時曾在紫砂器上試燒琺瑯彩，雍正以後有紫砂胎的粉彩器及描金器，還有造型、泥色皆模仿自然的象生器。

　　清代製造紫砂器的著名匠師層出不窮，有陳明遠、王南林、陳曼生、楊彭年、邵大亨等。清初以陳明遠為代表，此後書法、篆刻家陳曼生對紫砂藝術的發展起到了重要作用，由他設計、製瓷藝人楊彭年等人製作的紫砂壺，世稱「曼生壺」，開創了紫砂壺藝與詩、書、篆刻相結合的新路。

　　清代的宜均陶器也得到了進一步發展，均窯的藍暈色澤比明代更鮮亮。此外，清代的宜均陶器還用刻花裝飾，即先在胚泥上用毛筆畫出圖案，然後再依著筆意進行雕刻。

（二）廣東石灣窯陶器

廣東石灣窯陶器在明代中葉時，還不為達官顯貴所賞識。在清代，石灣窯陶器發展突出，此後即有「石灣瓦，甲天下」之諺，足見其當時進步之快與地位之高。清代的石灣窯產品為仿均窯釉色的陶器，又稱「廣均」。均窯的窯變釉為一層釉色，而石灣窯仿均釉有底釉和麵釉之分。石灣窯仿均釉色以藍、玫瑰紫、墨彩、翠毛藍等色為佳，還有一種在藍釉中流淌成蔥白如雨點狀的品種，俗稱「雨淋牆」。

石灣窯陶器產品種類很多，有盤、碟、花盆、文房用具及陳設器具等。此外還有仿古銅器式的花瓶及瓦脊。清代石灣窯陶器還受到德化窯與景德鎮窯的影響，又有佛像雕塑、三彩瓷器、五彩瓷器等產品，而以雕塑最為突出。陶塑藝人善於利用材料性能，塑造各種人物和動物，尤其是抓住了各種不同形象的主要特徵，技巧熟練。那些雕塑小品頗為廣大民眾所喜愛，俗稱「石灣公仔」。最典型的品種有以漁、樵、耕、讀為主要人物的雕塑。石灣窯製品上常帶有店號、作者印章款識。

晚清—民國　石灣窯｜佐朝｜款瓷塑人物

(三)福建德化窯白瓷

德化窯在清代也有發展,其產品改變了明代以生產瓷雕佛仙供器為主的局面,以生產日用品為大宗。這時白瓷釉色多為白中微泛青,已沒有明代「象牙白」「豬油白」的溫潤感。清代德化窯除生產白瓷外,還生產青花和五彩瓷器。其青花瓷器品種有碗、盤、杯、爐、瓶等,圖案紋飾有山水、人物、花卉、喜字勾連、喜上梅梢等。青花瓷盤等底部常有「月記」兩字青花雙欄框款,故又稱其為「月記」窯。

清代德化窯五彩瓷器是以紅、綠、黃彩為主的釉上彩瓷器,所以器物主要為盤類,圖案紋飾有花鳥、雲龍等。

在德化窯的極盛時期,德化縣之東、南、北各地滿布瓷窯,許多地方都留存著明清時的窯址,有近200處,足見當時生產規模之大。它的瓷業衰落是在清代中葉以後,但其製瓷的優良傳統始終保持,從未出現粗製濫造的現象,這是德化窯的一個顯著特點。

清　德化窯達摩像

參考文獻

〔1〕輕工部陶瓷工業科研所・中國的瓷器・北京：中國輕工業出版社，1963。

〔2〕中國矽酸鹽學會・中國陶瓷史・北京：文物出版社，1982。

〔3〕耿寶昌・明清瓷器鑑定・北京：紫禁城出版社，1993。

〔4〕馮先銘・中國瓷器・上海：上海古籍出版社，1994。

〔5〕李廣寧・中國古玩通鑑—陶瓷器・合肥：黃山書社，1994。

〔6〕馮先銘・中國古陶瓷圖典・北京：文物出版社，1998。

〔7〕趙慶鋼，張志忠・千年邢窯・北京：文物出版社，2007。

跋

　　大約在兩年前，安徽科技出版社的劉三珊編輯找到我，想請我寫一本關於中國古陶瓷鑑定和賞析方面的書，我當時因工作上的事情太多，無法承擔，便推薦王丹丹女士來做這件事情。她很愉快地答應下來，並希望我能給予幫助和指導。為此，我們曾坐下來認真地研究本書的章節和結構，以及面向的讀者群問題。我也自己掌握的一些資料借給她，供其參考。書稿完成後，我應該是第一個讀者，幫助提了些修改意見，她都做了認真的修改。

　　丹丹在安徽省博物館專業從事古陶瓷的保管與研究工作已20多年。她虛心好學，不懂就問，認真鑽研專業書籍，理論知識紮實。面對她保管的幾庫房古陶瓷文物，她不是滿足於掌握一串鎖匙讓文物不丟失不損壞，而是認真研究，認識它們，吃透它們。對於老一輩專家，她總是恭敬地去請教。對於同輩甚至年輕的專業工作者，她也經常帶著問題與他們探討交流，以求得到新知。作為省博物館保管部的負責人之一，她不僅承擔文物的保管工作，還承擔為館裏徵集文藏品的工作，因此她除了研究本館藏品外，還要了解市場情況，特別價品的作偽情況，以提高文物的鑑定能力。多年來，她為安徽省博物館徵集了不少珍貴的古陶瓷文物，其中還有元青花、元釉裏紅等重器，沒出過一次差錯。

　　丹丹愛思考，勤於筆耕，發表過不少古陶瓷研究方面的專業論文，也主編出版過，《元瓷之珍》等專業書籍。她是中國古陶瓷學會的資深會員，曾參加過很多次學會在全國各地舉辦的學術會議。她認真參加學術研討，投入地考察古窰址。作為一位愛乾淨的女士，她撿起瓷片標本來就不顧衛生習慣了，弄得滿手滿腳甚至身上都沾滿泥巴塵土，卻渾然不覺，如癡如醉。

　　這本書可以說是她從事陶瓷保護與研究工作心得的一次系統梳理和總結。全書內容全面、條理清楚、簡明扼要、重點突出，使讀者很容易抓住各個時代陶瓷器的鑑定要點，是非常適宜初學者和一般收藏愛好者的讀物。即使對於一些水平較高的研究者和收藏家來說，也會在書中讀到一些獨到的見解，同樣會有幫助和收穫的。

　　有人問我做什麼事情最難，我答：寫書。真的，撰寫專業書籍是最吃力的、最痛苦的事，還是經濟效益最差而又不討好的事。然而人類的知識與經驗的傳播——文化的傳承又非賴此不可，所以總得有人幹這種事情。現在丹丹幹了，大丹已成，新鮮出爐。在讀這本好書的時候，我們應該感謝王丹丹的辛苦付出，同時要感謝安徽科技出版社的編輯們，他們為本書的出版也同樣付出了辛勤勞動。如果還有可能的話，好像也應該小小感謝我一下——畢竟為本書的出版，我也有推薦作者和幫助修改的微薄貢獻哦。

李廣寧